"十四五"职业教育国家规划教材

智慧商业创新型人才培养系列教材

郭冬芬 ◎ 主编

U0722379

仓储与配送

管理实务

微课版
第2版

人民邮电出版社

北 京

图书在版编目（CIP）数据

仓储与配送管理实务 : 微课版 / 郭冬芬主编. -- 2
版. -- 北京 : 人民邮电出版社, 2021.7
智慧商业创新型人才培养系列教材
ISBN 978-7-115-56106-0

Ⅰ. ①仓… Ⅱ. ①郭… Ⅲ. ①仓库管理－高等学校－
教材②物流管理－物资配送－高等学校－教材 Ⅳ.
①F253②F252.14

中国版本图书馆CIP数据核字(2021)第041549号

内 容 提 要

本书以培养学生的仓储与配送作业技能和管理技能为目标，以第三方物流企业电商仓储配送中心的实际案例为原型，阐述了仓储和仓储管理、仓储规划与布局设计、货物入库作业、在库作业、货物出库作业、仓储安全管理、配送作业的相关知识和技能。

全书共 7 个项目，每个项目包括若干任务，每个任务按照"任务引入—任务分析—相关知识—任务实施"的顺序展开。每个项目的最后均设置了"思政园地"栏目，将立德树人的根本任务与知识技能的传承相融合。

本书主要内容如下：项目一为"认识仓储和仓储管理"，帮助学生了解仓库在供应链中的角色和功能；项目二为"仓储规划与布局设计"，帮助学生掌握仓储园区总体布局规划、库房内部平面布置、储货区货位编码、仓储设施设备选择等知识和技能；项目三为"货物入库作业"，帮助学生掌握入库准备、验收货物、办理入库手续、堆码上架的工作方法与流程；项目四为"在库作业"，帮助学生掌握常见的货物保管知识和养护措施、库存盘点方法与流程以及仓库 6S 管理；项目五为"货物出库作业"，帮助学生掌握出库前准备、出库作业、出库异常处理的工作方法与流程；项目六为"仓储安全管理"，帮助学生掌握仓库治安保卫工作的内容和要求，仓库的灭火、防火方法和消防措施，人员安全和设备使用安全的管理知识与技能；项目七为"配送作业"，帮助学生掌握订单处理、拣货、补货、出货、送货、退货作业的方法和流程。

本书图文并茂、实操性强，既可作为应用型本科院校、高等职业院校物流管理、快递运营管理、电子商务等专业的教材，也可作为企业在职人员参考、学习和培训用书。

- ◆ 主　　编　郭冬芬
  责任编辑　刘　尉
  责任印制　王　郁　焦志炜
- ◆ 人民邮电出版社出版发行　　　北京市丰台区成寿寺路 11 号
  邮编　100164　电子邮件　315@ptpress.com.cn
  网址　https://www.ptpress.com.cn
  北京隆昌伟业印刷有限公司印刷
- ◆ 开本：787×1092　1/16
  印张：13.5　　　　　　　　2021 年 7 月第 2 版
  字数：281 千字　　　　　　2024 年 12 月北京第 11 次印刷

定价：49.80 元

读者服务热线：(010)81055256　印装质量热线：(010)81055316
反盗版热线：(010)81055315
广告经营许可证：京东市监广登字 20170147 号

FOREWORD 前　言

党的二十大报告指出，教育是党之大计、国之大计。高等职业教育肩负着为党和国家培养高技能、实用型人才的重要任务，必须重视内涵建设，落实立德树人的根本任务，把学生培养成德智体美劳全面发展的、拥护中国共产党领导和社会主义制度的、立志为中国特色社会主义奋斗终身的有用人才。

本书是校企共同开发的双元教材，是在仓储企业管理、仓储员工在职培训、高等职业教育"仓储与配送管理实务"线上线下混合式课程建设基础上形成的研究成果。本书在第 1 版的基础上做了修订：①增加了智能化技术在配储与配送中心的应用内容，反映科技赋能背景下仓储与配送作业的新变革；②根据《物流术语》（GB/T 18354—2021）更新了相关定义；③增加拓展学习栏目，将立德树人的根本任务和专业知识与技能的传承相融合；④支持移动学习，读者通过扫描二维码便可观看配套微课资源。

全书内容以实际工作过程为主线，以第三方物流企业的电商仓储配送中心为原型，按项目导向、任务驱动的方式组织教学内容。本书包括 7 个项目，24 个任务，每个项目又包括若干任务，每个任务按照"任务引入—任务分析—相关知识—任务实施"的顺序展开。"任务引入"部分给出具体且明确的任务背景和要求。"任务分析"部分分析完成该任务需掌握的知识点、技能点以及完成任务的思路和步骤等，起到激发学习兴趣的作用。"相关知识"部分详细地讲解完成该任务所需的知识、方法和技能，穿插了企业的实际案例，以及专门设计的课堂活动，便于课堂互动教学，做到内容贴近实际，语言简练，图文并茂，实用性和针对性强。"任务实施"部分对比较复杂的任务，按照完成任务的步骤给出详细具体的解决方法和措施，起到示范和启发的作用；对比较简单的任务，则只给出实施步骤，突显了本书较强的教学可操作性。在实际使用时，教师可以根据不同的学情，灵活组织教学。

本书配套 PPT 课件、实训项目、微课视频、课程思政手册、课后练习题及答案等教学资源，任课教师可登录人邮教育社区（www.ryjiaoyu.com）网站下载教学资源。本书由石家庄邮电职业技术学院的郭冬芬教授任主编，参与本书编写的还有中国邮政集团有限公司蔡连良，石家庄邮电职业技术学院教师王艳丽、都继萌。本书的具体编写分工如下：郭冬芬编写项目一、项目二、项目三、项目五；王艳丽编写项目六和项目七；蔡连良编写项目四；都继萌编写课后练习题。郭冬芬负责全书的统稿，企业专家蔡连良对每个项目的内容进行把关、指导。

在本书的编写过程中，得到了多名邮政物流企业专家的支持和帮助，并参考了大量的企业案例和其他学者的文献资料，编者在此一并表示感谢。

由于编者的水平和经验有限，书中难免有欠妥之处，恳请广大读者批评指正。

编　者

2023 年 7 月

CONTENTS
目 录

项目一

认识仓储和仓储管理

1. 知识目标

（1）掌握仓储的概念。

（2）了解仓库的概念、功能及类型。

（3）了解仓储管理的概念和内容。

（4）掌握仓储管理的目标和基本原则。

2. 能力目标

（1）能分析仓库在客户供应链中的角色及功能。

（2）能判断客户对仓储管理的核心要求，说出仓储管理的重点。

任务一　认识仓储

任务引入

小刘是某物流公司的项目经理，该公司刚刚与客户王某签订了物流服务合同，决定由小刘负责该客户的仓储服务项目。为了做好该项目，小刘首先调研了客户王某的物流供应链，如图1-1所示。根据所学专业知识，小刘明白了集货中心和区域分拨仓在客户供应链中扮演的角色和功能定位，由此掌握了仓储管理的重点。请大家根据本次课程学习的相关知识，分析集货中心和区域分拨仓在客户供应链中扮演的角色和功能定位，并指出二者的仓储管理重点。

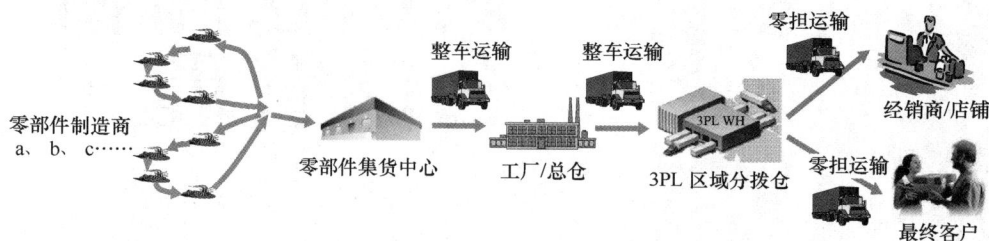

图 1-1 | 客户的物流供应链

任务分析

仓库在供应链中有多种角色，其物流角色不同，功能定位也就不同，仓储管理的重点和作业流程也不尽相同。物流从业者不但要理解仓储的含义、仓储与仓库的关系，还要清楚仓库在供应链中的角色及功能。只有这样，才能明确仓储管理的重点，做到仓储作业流程的合理化。

相关知识

▍一、仓储的概念

国家标准《物流术语》（GB/T 18354—2021）对仓储的定义：仓储（Warehousing）是利用仓库及相关设施设备进行货物的入库、存储、出库的作业。当仅利用仓库储存与保管暂时不用的货物时，就形成了静态仓储；当利用仓库进行货物的入库、暂存、加工、分拣、出库、交付使用且周而复始的活动时，就形成了动态仓储。

▍二、仓库的概念

仓库是保管、存储货物的建筑物和场所的总称。在物流过程中，除了运输，大多数物流活动是在仓库中完成的。仓库是物流系统的重要基础设施，是仓储活动的场所。

三、仓库在供应链中的角色和功能

仓库是物流各环节的结合部，它总是出现在采购与生产之间、生产与销售之间、批发与零售之间、不同运输方式转换之间等。仓库承担着调节各环节不均衡矛盾的任务，它的存在是物流各环节不均衡性的表现。

仓库在供应链中可能扮演的角色和功能如表 1-1 所示。

表 1-1　仓库扮演的角色和功能

仓库扮演的角色	主要功能
货物保管角色	保障生产和销售
	调节生产和消费时间差
	调节市场供求关系，维持市场稳定
	保护货物
运输衔接与整合角色	运输整合与配载
	集结客户订单
	分拣与转运
	衔接不同运输方式
	衔接干线运输与支线运输
客户服务角色	货物组装配置
	实现对最终客户的配送
	售后服务
	增值服务

（一）货物保管角色

这类角色的仓库主要有原材料仓、产成品仓、批发零售仓等，其在供应链中的主要功能如下。

1．保障生产和销售

在生产领域，为保障生产加工顺利进行，需要预先采购和储存一定量的物资，这就形成了原材料仓储。在生产线上完成加工的货物，要及时下线，进入产成品仓进行储存保管，以保证市场供应和准时交货，这就形成了产成品仓储。

在流通领域，为保障销售顺利进行，能够及时满足客户的需求，需要储存一定量的货物，这就形成了批发和零售仓储。

2．调节生产和消费时间差

利用仓库进行季节性存货，以平衡供求矛盾，取得时间效益。例如，空调和电暖器货物存在全年性生产与季节性消费的矛盾，粮食和水果存在季节性生产与全年性消费的矛盾，这就需要利用仓储调节生产和消费时间差，平衡生产与消费的矛盾。

3. 调节市场供求关系，维持市场稳定

需用仓储调节供求关系，维持市场稳定。当供大于求时，可将货物储存起来；当供不应求时，再将储存的货物投放市场。

4. 保护货物

保护各类货物的数量和质量不发生变化，使其免遭雨雪、灰尘、大风、虫害、鼠害等的侵袭，保证各类货物处于适宜的温度和湿度环境等。

（二）运输衔接与整合角色

仓储是运输的驿站，货物流通过程中离不开仓储的配合。扮演运输衔接与整合角色的仓库主要有集货中心、分拣转运中心、转载设施、分拨中心等。其在供应链中的主要功能如下。

1. 运输整合与配载

利用集货中心将多个供应商供应的货物整合成一票运输的目的是充分利用运输工具承载量和容积，取得运输规模经济效益。

2. 集结客户订单

假设客户的购买量不大，为了实现从供应地的批量运输，可通过建立基层仓库集结客户订单，通过将多个客户的小批量订单整合，取得运输规模经济效益。如果运费的降低可抵销基层仓库费用，可以考虑此方案。

3. 分拣与转运

利用分拣转运中心实现不同运输线路之间的货物中转与分拨。例如，在分拣转运中心根据货物的流向和交货时间进行分拣、配货、打包，分别配载到不同的运输工具，然后运往各地。

4. 衔接不同运输方式

货物在流通过程中，往往要通过不同的运输方式进行运输，这就需要利用仓库衔接不同的运输方式，解决运力不平衡的矛盾。仓库作为转载设施的功能主要是实现不同运输工具之间货物的换装，从而衔接不同的运输方式。

5. 衔接干线运输与支线运输

利用区域分拨中心衔接干线运输和支线运输。干线整车运输取得运输规模经济效益，降低了物流成本；支线零担运输实现送货到家，提高了服务水平。

（三）客户服务角色

这类仓库主要承担组装设施、配送中心、售后仓库、流通加工中心等的责任。其在供应链中的主要功能如下。

1．货物组装配置

通过组装设施，改变货物的最终配置，满足客户的个性化要求。

2．实现对最终客户的配送

通过配送中心实现对最终客户的订单响应，达到交货的目的。

3．售后服务

通过售后仓库，处理客户退换货，进行市场调查，提供售后服务。例如，电子货物制造商赋予销售地的仓库处理维修和售后服务职能。

4．增值服务

利用流通加工中心，提供增值服务。例如，提供再包装、贴标、检验、组装、分类等服务。

▌四、仓库的类型

（一）根据所有权形式划分

仓库的类型

1．自有仓库

自有仓库是指生产企业、贸易公司等各类组织自投资金建设仓库，自己经营管理，为自身提供储存服务的仓库。自有仓库的优势和劣势如表 1-2 所示。

表 1-2　自有仓库的优势和劣势

自有仓库的优势	企业具有更大程度的控制权；仓储的经营策略和作业流程可以根据客户需求和货物属性进行灵活的调整，提升企业形象
自有仓库的劣势	自有仓库的容量是固定的，不能随着企业需求的增加或减少而及时扩大或缩小；自有仓库的位置和结构存在局限性，不能随着供应链结构的变化而及时变化；自有仓库的建设前期投入大，企业有资金压力

在以下情形时，可考虑选择自有仓库的形式：企业资金实力雄厚，希望拥有更多的仓储控制权；货物属性特殊，对仓储环境要求专用性强；仓储作业专业化程度高，库存周转量大，需求较为稳定等。

案例

京东物流为何快

京东物流为何能够同时处理全国那么多的订单，还能够以最快的速度把包裹送到用户手中？如果我们了解京东的"亚洲一号"，就可以得到答案。

京东于 2007 年开始建设并经营自有的物流仓储体系，2013 年在上海市嘉定区筹建"亚洲一号"物流中心（见图 1-2），2014 年 10 月一期竣工并正式投入使用。该物流中心是京东首个全流程无人仓，通过在仓库内应用智能储存、分拣设备和智能仓库管理系统，实现高密度储存、快速拣货、自动补货、多重复核等目的，产能可达百万级。在上海的"亚洲一号"物流中心投入使用后，京东又在广州、武汉、成都等地建设了多座"亚洲一号"，实现对全国物流服务的覆盖。

图 1-2 | 京东"亚洲一号"物流中心

2. 公共仓库

公共仓库是指某个企业投资兴建、独立运营的，面向社会提供货物储存服务，并收取费用的仓库。租用公共仓库的优势和劣势如表 1-3 所示。

表 1-3　租用公共仓库的优势和劣势

租用公共仓库的优势	可根据淡旺季对仓储空间的需求灵活调整仓库容量；租用公共仓库的客户可共享公共仓储的规模经济效益，降低自身的仓储成本和运输成本；当运输方式、供应链条发生变化或企业财务状况发生变化时，允许客户通过轻易地改变仓库的数量和位置来适应变化；可减轻企业投资压力
租用公共仓库的劣势	可能增加企业控制仓储活动及库存的难度；在公共仓库里，有时可能得不到个性化的服务，如客户需要更严格的冷藏服务这一要求可能得不到满足

由于公共仓库的灵活性、可扩展性和其规模经济效益，公共仓库越来越受到企业的欢迎。目前，公共仓库也可以根据客户的需要为其设计和提供特定的物流服务。

【案例】

仓库代管业务

上海云仓精细物流管理有限公司位于上海市嘉定区，是一家专注于仓库代管的专业公司。公司业务定位为仓储物流管理，其凭借专业的仓库物流管理人才，为客户提供货物的仓储、盘点、分拣、包装、发货、物流跟踪、客户反馈等服务，为客户节省仓储与人力成本。除此之外，还能为客户提供实时的仓储信息，方便客户对仓储状态信息的掌握，以信息化技术提升货物储运配送环节的客户体验，提升客户货物的品牌价值。

3．合同仓库

合同仓库是一种契约模式的仓库，运营方式为客户将仓储业务外包给公共仓库，在一定时期内，按照一定的合同约束，由公共仓库为客户提供定制化的仓储服务。合同仓库是公共仓库定制化的延伸，许多第三方物流公司都提供这种定制化的仓储服务。

合同仓库的很多特性居于自有仓库和公共仓库之间，既可以体现公共仓库的灵活性，又可以通过协议实现个性化服务要求，通过为企业提供"量身定制"的流程设计与仓储服务，增强企业对库存或配送管理的控制能力。同时，因为固定资产投资较少，所以合同仓库对库存周转量的要求也较低。

案例

手机备件库业务外包

MT 手机制造厂商为了改善售后服务，计划在华北地区设立手机备件库，以提高对售后维修站订单的响应速度。经过分析，该手机制造厂商计划将售后备件的仓储与配送物流业务外包。YZ 是一家第三方物流公司，拥有 5 500 平方米的仓库和优秀的仓储管理团队。经过考察和平等协商，MT 手机制造厂商与 YZ 物流公司签署了手机备件仓储与配送服务合同。

根据 MT 手机制造厂商的要求，YZ 物流公司将 5 500 平方米的仓库划分为 6 个存储区，什么备件存放到什么库，是由 MT 手机制造厂商指定的。仓库存储区的地面、存放环境均按照 MT 手机制造厂商的要求进行了改造，以使防尘、防静电、温度和湿度等要求达标。MT 手机制造厂商提出的关键绩效指标（Key Performance Indicator，KPI）有库存准确率、拣货准确率、丢失破损率、及时配送率等。

（二）按仓库保管条件分类

1．普通仓库
普通仓库是指用于存放无特殊保管要求的货物的仓库。

2．特种仓库
特种仓库是指用于存放易燃、易爆、有毒、有腐蚀性、有辐射性的货物的仓库。

3．保温、冷藏、恒湿恒温库
保温、冷藏、恒湿恒温库是指用于存放对环境的温度和湿度有要求的货物的仓库。

4．气调仓库
气调仓库是指用于存放对库内氧气和二氧化碳浓度有要求的货物的仓库。

案例

二氧化碳气调仓库用于粮食储存

以往的粮食保管仓库主要靠自然通风，效果不理想，主要表现为保存时间不够长，粮食的营养成分和口味容易发生变化，2～3 年后便成为陈粮。二氧化碳气调仓库是在密闭的仓库内注入浓度达 20% 的二氧化碳，在此条件下，可以抑制虫害和霉菌，能长时间保存粮食的营养价值和口味。

（三）按仓库建筑形式分类

1．封闭式仓库

封闭式仓库俗称"库房"，其特点是封闭性好，适宜存放对保管条件要求比较高的货物。封闭式仓库如图 1-3 所示。

2．半封闭式仓库

半封闭式仓库俗称"货棚"，如图 1-4 所示。半封闭式仓库的保管效果逊于封闭式仓库，但出入库作业比较方便，建造成本较低，适宜存放对温度、湿度要求不高且出入库频繁的货物。

3．露天式仓库

露天式仓库俗称"货场"，如图 1-5 所示。露天式仓库最大的优点是装卸作业极其方便，适宜存放较大型的货物。

图 1-3｜封闭式仓库　　　图 1-4｜半封闭式仓库　　　图 1-5｜露天式仓库

（四）按库房建筑结构分类

1．平房仓库

平房仓库只有一层，结构简单，建造费用低，有效高度一般不超过 6m，被广泛采用。

2．楼房仓库

楼房仓库是指两层及两层以上的仓库，楼层间物料移动主要依靠坡道或者垂直运输机械。楼房仓库可以减少土地占用面积，但其建造成本会增加。

3．罐式仓库

罐式仓库通常呈球形或柱形，主要用来储存石油、天然气和液体化工品等。

4．简易仓库

简易仓库是一种构造简单、造价低廉、在仓库不足而又不能及时建库的情况下采用的临时代用仓库。它包括固定或活动的简易货棚等。

（五）按库内货物存放形态分类

1. 地面型仓库

地面型仓库又称"平库"，一般指单层地面库，多使用非货架型的保管设备，适用于存期短、周转频率高的货物储存。地面型仓库如图1-6所示。

图 1-6 | 地面型仓库

2. 货架型仓库

货架型仓库又称"立库"，指用货架保管货物的仓库。相对于地面型仓库，货架型仓库可以提高仓库的空间利用率，但会增加货物存取成本。货架型仓库如图1-7所示。

图 1-7 | 货架型仓库

3. 自动化立体仓库

自动化立体仓库是一种采用高层货架存放货物、以巷道堆垛起重机为主、结合入库出库周边设备进行作业的仓库，造价较高。自动化立体仓库如图1-8所示。

图 1-8 | 自动化立体仓库

（六）按保管货物的种类数量分类

1. 综合仓

综合仓指用于存放多种不同属性货物的仓库。

2. 专业仓

专业仓指用于存放某一种或某一大类货物的仓库。

（七）按仓库功能分类

随着现代物流的发展，仓库的功能从以前的储存为主，向方便流通转变，特点变为货物在库时间短、周转频率高，这就使仓库管理从静态管理转变为动态管理。仓库新功能的出现，使仓库出现了以下新的称谓。

1. 集货中心

将零星货物集中成批量货物称为"集货"。集货中心设在生产点数量很多、每个生产点产量有限的地区，具有运输整合作用。集货中心如图 1-9 所示。

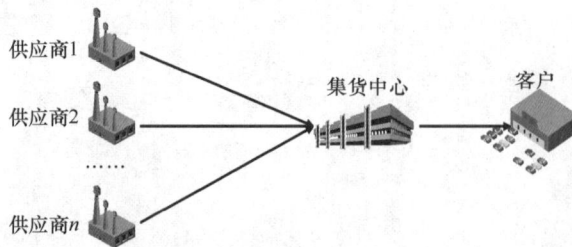

图 1-9 | 集货中心

2. 分货中心

将大批量运到的货物分成批量较小的货物称为"分货"。分货中心是从事分货工作的物流节点。上游企业可以采用大规模整车运输的方式将货物运到分货中心，然后按下游企业生产或销售的需要进行分装，利用分货中心可以降低运输费用。分货中心如图 1-10 所示。

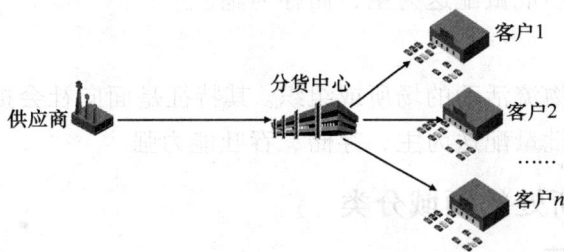

图 1-10 | 分货中心

3. 转运中心

转运中心承担着货物在不同运输方式间或同种运输方式间的联合（接力）运输的责任，货物在转运中心进行装卸中转、集散与配载。转运中心如图 1-11 所示。

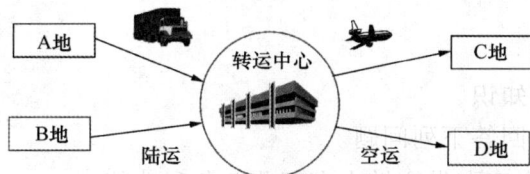

图 1-11 | 转运中心

4. 加工中心

加工中心的主要工作是进行流通加工。企业可利用仓库把货物生产的最后一道工序或者细枝末节的加工放到流通环节。

设置在供应地的加工中心主要进行以方便物流运输为主要目的的加工，设置在消费地的加工中心主要进行便于销售、强化服务、满足客户个性化需求的加工。加工中心如图 1-12 所示。

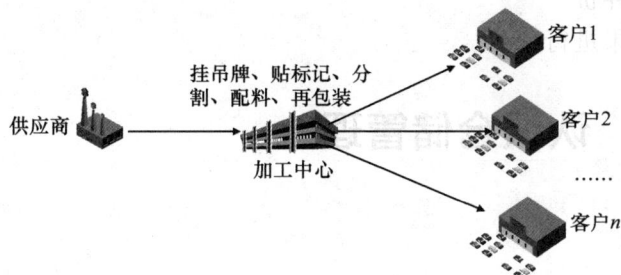

图 1-12 | 加工中心

5. 储调中心

储调中心以储备为主要工作内容，从功能上看与传统的仓库基本一致。

6. 配送中心

配送中心是从事配送业务的物流场所或组织。其特征是面向特定的用户服务；覆盖范围小；以多品种、小批量配送为主，储存为辅。

7. 物流中心

物流中心是从事物流活动的场所或组织。其特征是面向社会提供物流服务，覆盖范围大，以少品种、大批量配送为主，存储、吞吐能力强。

（八）按仓库所处的领域分类

1. 生产领域仓库

生产领域仓库是指生产企业的原材料和半成品、在制品和产成品仓库。

2. 流通领域仓库

流通领域仓库是指除了具有保管功能的，面对厂商，集中客户需求实行流通加工、配送等功能的仓库。流通领域仓库的特征是货物的保管期较短、货物的出入库量较大。

任务实施

第一步：梳理相关知识

请大家认真看书，回答下列问题。

1. 什么是仓库？仓库在供应链中有哪些角色和功能？

2. 集货中心、分货中心、转运中心、加工中心、储调中心、配送中心、物流中心在供应链中有什么功能？

第二步：分组讨论

分组讨论图 1-1 所示的供应链中，零部件集货中心和区域分拨仓有什么功能。

第三步：小组展示

制作 PPT，详细说明零部件集货中心、区域分拨仓在供应链中的功能，各组选一位代表完成汇报。

第四步：总结评价

对任务实施结果进行评价。

任务二　认识仓储管理

任务引入

仓储和运输是物流活动的两大支柱，除了运输，大部分物流活动是在仓库内完成的。仓库可分为原材料仓库、成品仓库、销售渠道仓库、配送中心仓库等各种类型。物流供应链如图 1-13 所示。请大家思考仓储管理的内容和目标是什么，原材料仓库和成品仓库的管理有什么不同。

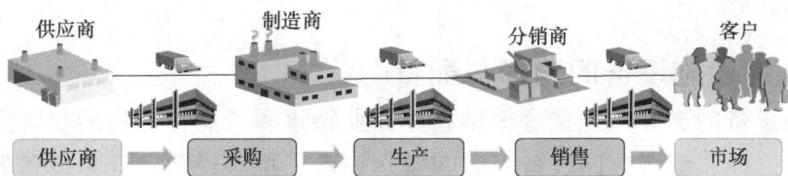

图 1-13 | 物流供应链

任务分析

仓储是供应链必不可少的组成部分，仓储管理的优劣直接影响物流供应链的成本和服务水平。在市场竞争愈发激烈、人力成本不断提高的背景下，企业越来越注重供应链成本的控制和服务水平的提升，而做好仓储管理是其关键之一。对于仓储管理人员来说，了解客户对仓储管理的要求，明确仓储管理的目标和原则，是做好仓储管理工作的前提和基础。

相关知识

一、仓储管理的概念

仓储管理（Inventory Management）是指对仓储设施布局和设计以及仓储作业所进行的计划、组织、协调与控制。

仓储的核心价值是保证在合适的时间、合适的地点有合适的货物，为企业创造时间效益和空间效益。但仓储也是成本中心，仓储管理的根本目标是在不断满足客户需求的同时尽可能降低仓储成本，这就要求对仓储活动进行科学的计划、组织、协调与控制。

认识仓储管理

二、仓储管理的内容

仓储管理的主要内容如下。

（一）仓库选址与仓库建筑结构设计

仓库选址是一个宏观战略层面的问题。就单个企业而言，选址决定了企业物流网络的结构，通过仓库选址和建设，可将复杂的物流系统经过枢纽的设计改造成"干线运输+区域配送"网络结构；就供应链而言，核心企业的选址决策影响供应链其他企业的选址决策，仓库的选址和设计是整个物流系统的关键，仓库的位置将直接影响物流供应链成本和客户服务水平。

（二）仓储平面布局规划

仓储平面布局规划包括仓储园区总平面规划和仓库内部布局规划。

（三）仓库设施设备的选择与配置

仓库设施设备的选择与配置是根据仓库作业特点和所储存货物的包装形态、种类、理化特性等，选择和配置存储设备、装卸搬运设备、拣选设备、计量设备等。

（四）仓库业务管理

仓库业务管理包括组织货物的入库、库内保管、装卸搬运、出库分拣、包装、配送等各项作业活动，它是仓储管理的基础内容，也是学生要掌握的重点内容。

（五）仓库的库存控制与管理

仓库的库存控制与管理是指使用科学的方法和信息化手段进行库存控制，目标是在保证供应的前提下使库存持有量尽可能低，以降低库存成本。

（六）仓库日常管理

仓库日常管理包括仓库安全管理和作业现场管理。

仓库安全是保障仓库生产作业顺利开展、仓储企业获得经济效益的前提，仓库安全管理包括仓储设施设备安全管理、作业人员安全管理、仓库安全保卫与消防管理。作业现场管理是指对作业现场实施 6S（即整理、整顿、清扫、清洁、素养、安全）管理（详见项目四的任务三）。

（七）仓库的人力资源管理

仓库的人力资源管理包括仓储岗位设置、岗位职责制定、岗位人员配置、岗前培训等。

▌三、客户对仓储服务的要求

客户对仓储服务的要求可归纳为两个方面：一是时间方面的要求，如要求收货发货及时，以提高周转效率和提升客户体验感；二是作业精确度方面的要求，如要求准确收发货物，提供存货信息及时、准确等。

▌四、仓储管理的目标

现代物流企业仓储管理追求以下 7 个目标。

（一）交付的货物正确

交付给客户的货物是客户需要的，企业要通过仓储管理尽量做到发货无误。

（二）交付的数量正确

交付给客户的货物数量正确，不多发货或少发货。

（三）交货的地点正确

将货物准确地送到客户指定的收货点，如生产线、店铺或者售后维修站等。

（四）交货的时间正确

按客户要求的时间准时交货，不提前，不延误。

（五）物流费用要合适

通过仓储管理，控制物流费用，降低物流成本。

（六）提供良好的服务

仓库是服务机构，仓储管理要以客户为中心，注重客户体验。

（七）有良好的质量

良好的质量表现在货物的保管质量、装卸作业质量、盘点质量、日常报表和登账是否准确及时等。对于仓储机构来说，关键是保证质量稳定。

要做到上述要求，就必须掌握仓储管理的科学方法。

■ 五、仓储管理的基本原则

（一）质量原则

仓储活动中的各项作业都必须有质量标准，并严格按照标准作业。

（二）效率原则

有效率才会有效益。仓储的效率体现在仓容利用率、货物周转率、收发货效率、破损率等方面。仓容利用率追求单位面积多存储；货物周转率追求库存周期短，周转速度快；收发货效率追求收发货作业时间短；破损率追求在库保管好，货物损坏少。

（三）安全原则

仓储活动中有许多不安全因素，如货物的毒性、腐蚀性、辐射性、易燃易爆性等，以及设备违规操作带来的危险性等。因此，仓储管理要加强安全教育，制定安全制度，贯彻执行"安全第一、预防为主"的安全生产方针。

（四）效益原则

追求利润最大化是任何经营管理活动的目的，仓储也不例外。在追求利润的同时，也要兼顾社会责任，履行环保、维护社会安定的义务。

（五）服务原则

仓储活动本身就是向社会提供服务。仓储管理要以客户为中心，研究如何提供服务、改善服务、提高服务质量，同时还要注意平衡服务水平与服务成本之间的关系。

任务实施

第一步：知识准备

原材料仓库为生产计划部门或生产车间提供服务。客户最关心的是库存信息的提供是否及时、准确，收发货的数量和品种规格是否正确。因此，原材料仓库的管理重点是保证库存信息的提供及时、准确，提供的原材料、零部件的规格品种正确。如果发错货或交货延迟，就会导致生产线停工待料，生产计划重新排程，给企业造成重大损失。

成品仓库为销售部门提供服务，客户最关心的是库存信息的提供是否及时、准确，因此订单响应时间要短，信息反馈要及时、准确、完整，并能为客户提供良好的咨询及退换货服务。

第二步：分组讨论

原材料仓库、成品仓库的服务对象和管理要求。

第三步：分组汇报

制作PPT，详细说明原材料仓库、成品仓库的服务对象和管理要求，各组选一位代表完成汇报。

拓展学习

请扫描二维码，学习拓展案例，回答问题。

二维码

课后实训

仓储企业调研

走访本地仓储企业，完成以下调研任务。

1. 调研内容

（1）了解仓储企业的组织机构、仓库岗位设置。

（2）了解仓储企业的服务对象、客户对仓储企业服务质量的要求，以及用来考核仓储企业服务质量的关键绩效指标（KPI）。

（3）了解仓储企业的仓库情况，包括仓库数量、面积，库内功能区域，库内存放货物的种类，货物的存放形态。

（4）了解仓储企业有哪些设施设备、仓储作业流程。

2. 撰写报告

针对上述调研内容，分组撰写调研报告，并分析该仓储企业在客户供应链中扮演什么角色，阐述仓库的功能。

3．分组制作 PPT，课堂汇报交流

在课上进行交流。

课后练习题

一、单选题

1．仓储具有（　　　）和静态仓储两种类型。

    A．动态仓储　　　　B．流动仓储　　　　C．静止仓储　　　　D．停滞仓储

2．生产空调的企业，为了协调旺季和淡季需求的不均衡性，通常采用在淡季生产储备一定数量的货物以调节旺季的巨大需求，这种储备克服了生产和消费的（　　　）。

    A．时间差　　　　B．场所距离　　　　C．所有权分离　　　　D．使用权分离

3．在仓储过程中对货物进行保护、管理，防止因损坏而丧失价值，体现了仓储的（　　　）功能。

    A．保护　　　　B．整合　　　　C．加工　　　　D．流通

4．市场上的猪肉供应过剩时，国家进行收购、储存，让猪肉价格保持合理水平，以保障养殖者基本利益；当市场猪肉供应紧缺，价格过高时，国家动用储备库存向市场输出猪肉，从而抑制市场的猪肉价格。这体现了仓储的（　　　）功能。

    A．保障生产　　　　B．调节供需　　　　C．增值服务　　　　D．运输整合

5．手机配送仓库根据客户需要在手机中插入特定的小游戏软件，这体现了仓储的（　　　）功能。

    A．保障生产　　　　B．调节供需　　　　C．增值服务　　　　D．运输整合

6．多个供应商的零星小批量货物，经过仓库集并形成大批量送达客户，这体现了仓储的（　　　）功能。

    A．保障生产　　　　B．调节供需　　　　C．增值服务　　　　D．运输整合

7．关于仓库租赁经营，下列说法不正确的是（　　　）。

    A．仓库租赁经营是指仓储经营者将仓库或仓库设备租给存货人使用，由存货人自行储存货物的仓储经营方式

    B．仓库租赁经营的关键是签订一份仓库租赁合同

    C．仓库租赁经营既可以采用整体性出租，也可以采用部分出租、货位出租等分散方式

    D．货主无须承担任何仓库管理工作

8．中国邮政速递物流股份有限公司是一家第三方物流公司，其合同物流业务可以提供以仓储业务为基础的为客户量体裁衣的现代化物流服务，它的仓库属于（　　　）。

    A．自有仓库　　　　　　　　　B．合同仓库

    C．公共仓库　　　　　　　　　D．战略储备型仓库

9. 将大批量运到的货物分成批量较小的货物的物流节点被称为（　　　）。

    A. 集货中心　　　　　B. 分货中心　　　　　C. 转运中心　　　　　D. 加工中心

二、多选题

1. 空调生产厂家，将在需求淡季生产的空调储存起来，以保证热销季节需求，这体现了仓储（　　　）的功能。

    A. 降低生产成本　　　　　　　　　　B. 调节供需矛盾

    C. 降低运输成本　　　　　　　　　　D. 保障销售

2. 按照仓库的所有权形式，可以将仓库分为（　　　）。

    A. 自有仓库　　　B. 公共仓库　　　C. 恒温仓库　　　D. 合同仓库

3. 下列属于仓储管理的内容有（　　　）。

    A. 仓库的选址　　　　　　　　　　B. 仓库的机械选择

    C. 仓库安全　　　　　　　　　　　D. 仓库的库存控制

    E. 仓库的库内保管

4. 按照仓储货物建筑物和场所的封闭程度，仓库可以分为（　　　）。

    A. 封闭式仓库　　B. 半封闭式仓库　　C. 露天式仓库　　D. 保税仓库

5. 下列属于仓库作业管理内容的有（　　　）。

    A. 入库　　　　　B. 装卸搬运　　　C. 出库分拣

    D. 包装　　　　　E. 配送

6. 仓库的日常管理包括（　　　）。

    A. 仓库安全管理　　　　　　　　　　B. 仓库的人力资源管理

    C. 仓库作业现场管理　　　　　　　　D. 仓库的业务管理

7. 根据仓库的主要功能，仓库可分为（　　　）等类型。

    A. 分货中心　　　B. 集货中心　　　C. 转运中心　　　D. 加工中心

8. 罐式仓库通常呈球形或柱形，主要用来储存（　　　）。

    A. 石油　　　　　B. 天然气　　　C. 固体化工品　　D. 液体化工品

9. 仓储管理基本原则包括（　　　）。

    A. 质量原则　　　B. 效率原则　　　C. 效益原则

    D. 安全原则　　　E. 服务原则

10. 仓储管理是对仓储设施布局和设计以及仓储作业所进行的（　　　）。

    A. 计划　　　　　B. 组织　　　　C. 协调　　　　D. 控制

三、判断题

1. 仓库的作用只是为了储存货物。　　　　　　　　　　　　　　　　　　（　　　）

2. 仓储就是在特定的场所储存货物，其对象必须是实物。　　　　　　　　（　　　）

3. 仓储可以将多种货物配载，或将多票货物整合成一票运输，目的是实现大批量运输，从而降低运输成本。　　　　　　　　　　　　　　　　　　　　　（　　　）

4．自有仓库建设前期投入大，有风险，所以企业均应进行仓储业务外包，不必自建仓库。　　　　　　　　　　　　　　　　　　　　　　　　　　（　　　）

5．封闭式仓库俗称"库房"，其特点是封闭性好，适宜存放对保管条件要求比较高的货物。　　　　　　　　　　　　　　　　　　　　　　　　　　　（　　　）

6．加工仓储是指为了满足市场和客户的特定需求而进行的低投入、高产出的活动。　　　　　　　　　　　　　　　　　　　　　　　　　　　　　　（　　　）

7．再包装、贴标、检验、组装、分类等活动是加工仓储的职能表现。　（　　　）

8．货架型仓库适用于单次出入库量大、存期短、周转频率高的货物的储存。　　　　　　　　　　　　　　　　　　　　　　　　　　　　　　　（　　　）

9．物流费用要合适是指通过仓储管理，控制物流费用，降低物流成本。（　　　）

10．合同仓库既具有公共仓库的灵活性，又可以实现个性化服务要求，可以为企业提供量身定制的流程设计与仓储服务。　　　　　　　　　　　　　　　（　　　）

四、简答题

1．简述仓库在货物保管角色中的功能。

2．简述仓库在客户服务角色中的功能。

3．简述仓储管理的基本内容。

4．简述客户对仓储服务的要求。

5．简述仓储管理的目标。

项目二

仓储规划与布局设计

学习目标

1. 知识目标

（1）掌握仓储园区总体布局规划相关知识。

（2）掌握仓库建筑设计需要考虑的因素。

（3）掌握库房内部平面布置相关知识。

（4）了解储货区货位编码相关知识。

（5）掌握仓储设施设备选择相关知识。

2. 能力目标

（1）能合理规划或者优化库房内部平面布置。

（2）能正确选择和使用仓储设施设备。

（3）能合理布置货位，应用货位编码。

任务一　仓储园区总体布局规划

任务引入

中国邮政速递物流股份有限公司准备在武汉市新建一个仓储园区。该仓储园区内拟规划 1 个化妆品仓库、1 个电子货物仓库、1 个药品仓库、1 个设备存放区、办公区和员工宿舍。假设你是规划组组长，请完成以下任务。

（1）梳理仓储园区平面布置应遵循的原则和库房建筑设计需要考虑的因素，对规划小组成员进行一次培训。

（2）根据所学知识绘制仓储园区平面布置图，制定化妆品仓库、电子货物仓库、药品仓库的建筑结构规划方案，以及提出仓库条件符合所存放货物对环境的要求。

（3）以小组为单位进行汇报，小组之间相互点评，并提出完善建议。

任务分析

完成这项任务需要了解仓储园区平面布置的原则、库房建筑设计需要考虑的因素。规划设计的总目标既要充分利用仓储园区平面面积，又要方便物流作业和运营管理等。

相关知识

一、仓储园区平面布置

仓储园区内可能有多个建筑物和货场，如图 2-1 所示。仓储园区总体布局规划就是对园区内的建筑物、场所等进行平面位置的布局规划，确定库房、货场、库内道路、辅助建筑物、办公场所、附属固定设备等的平面位置。

仓储园区总体布局

图 2-1 | 仓储园区平面效果

（一）仓储园区的结构

按照功能，仓储园区一般由 3 个部分组成，即生产作业区、辅助生产区和办公生活区，如图 2-2 所示。

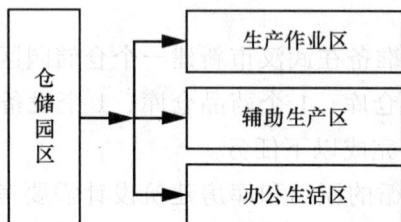

图 2-2 | 仓储园区结构

1. 生产作业区

生产作业区是开展仓储作业活动的场所，主要包括储货区、铁路专用线、园区道路、装卸台等。

储货区是储存保管的场所，分为库房、货棚、货场等。货场可用于存放货物，也可用于货位的周转和调剂。

铁路专用线、园区道路是仓库内外的货物运输通道，货物进出园区都要通过这些运输通道。铁路专用线应与园区内道路相通，保证畅通。

装卸台，又称月台，是供货运车辆装卸货物的平台，有单独站台和库边站台两种，其高度和宽度应根据运输工具和作业方式而定。

2. 辅助生产区

辅助生产区是为货物储运保管工作服务的辅助设施，包括车库、变电室、充电室、加油站、维修加工及动力车间、工具设备库、物料库等。

3. 办公生活区

办公生活区是仓库办公管理和员工生活区域。它一般设在园区入口附近，便于业务接洽和管理，同时应与生产作业区保持一定距离，以保证仓库的安全及营造安静的行政办公和生活环境。

（二）仓储园区平面布置原则

仓储园区平面布置应遵循以下原则。

1. 单一物流方向

货物的卸车地、验收地、存放地位置安排遵循仓储生产流程，使物料沿一个方向流动，即保持单一物流方向。

2. 避免迂回运输

物料尽量避免迂回运输，专用线应布置在库区中间，并根据作业方式、仓储货物的品种、地理条件，合理安排库房、堆场、专用线与主干道的相对位置。图 2-3 为某仓储园区平面布置示例。

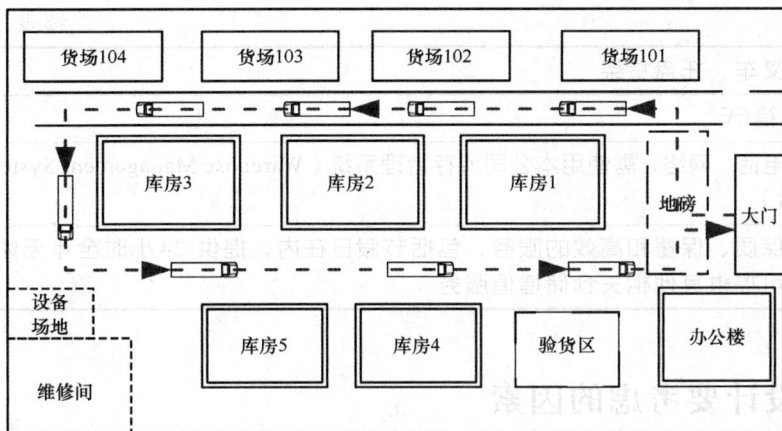

图 2-3 | 仓储园区平面布置

3．减少装卸搬运次数

仓储园区平面布置安排应尽量减少装卸、搬运次数，货物的卸车、验收、堆码作业最好一次完成，避免二次装卸和搬运。

4．利于提高仓储经济效益

仓储园区平面布置既要充分利用园区平面面积，又要方便物流作业和运营管理。

5．利于安全生产和文明作业

各建筑区之间应遵循"建筑防火设计规范"的规定，预留一定的防火间距，备有防火、防盗安全设施；同时考虑作业环境卫生、绿化、通风、日照等，利于职工健康，文明生产。

课堂活动

A 公司为一家食品生产公司，通过招标的方式租用仓库。表 2-1 是 A 公司租赁仓库要求，请思考其对园区和仓库有哪些方面的要求？

表 2-1　A 公司租赁仓库要求

地点要求	距离公司生产线 20 千米以内
园区要求	园区进出货道路平整，路线顺畅
仓库要求	平房仓库最佳，楼房仓库应配备货梯以直上直下
	装卸货区需配备雨棚，带有雨棚的月台优先
	屋顶墙面具有良好的隔热、防水、防尘、防虫、防鼠、防漏性能，避免阳光暴晒
	库内卫生条件符合食品储存要求，干燥、无异味
	地面平整、光洁，环氧树脂或水泥地面，环氧树脂地面优先
	库内需照明充足，消防设施符合法规要求，安全设施完备，有监控系统最佳

续表

设备要求	电瓶叉车，托盘货架
吞吐量要求	20 万箱/天
信息化要求	配备电话、网络，需使用本公司库存管理系统（Warehose Management System，WMS）
服务要求	提供保质、保量和高效的服务，包括节假日在内，提供 24 小时全年无休服务，可提供其他相关仓储增值服务

二、库房建筑设计要考虑的因素

（一）选择平房建筑还是楼房建筑

平房建筑和楼房建筑各有特点，如表 2-2 所示。我们在选择时应综合考虑占地成本、空间利用率和作业方便性等因素。

表 2-2　平房建筑和楼房建筑的特点

平房建筑的特点	从作业方便性来看，应尽量采用平房建筑，货物不必上下移动，便于作业管理，但占地成本高，空间利用率低
楼房建筑的特点	库房采用楼房建筑可以节省占地面积，但货物上下搬运可能成为瓶颈。因此，若选择楼房建筑，要特别重视上下楼的通道设计。若是流通仓库，可采用二层立交斜路方式，车辆可以直接行驶到二层仓库，将二层作为收货、验货、保管场地，一层作为理货、配货、保管场地

（二）库房出入口和通道设计

库房出入口的数量与供货商的数量、送货频率、出货频率等因素有关，我们应根据建筑物结构和尺寸、库内货物堆码形式、出入库作业流程等设计库房出入口。库房出入口如图 2-4 所示。

图 2-4 | 库房出入口

　　库房出入口的尺寸大小由卡车是否出入库内，所用叉车的种类、尺寸、台数、出入库次数，所保管货物的尺寸决定。若作为载货汽车的出入口，要求其宽度和高度应达4m；若作为叉车出入口，其宽度和高度应达2.5m～3.5m。出入口通常用卷帘门或铁门。

　　库内通道是保证库内作业畅通的必要条件，通道应延伸至每一个货位，使每一个货位都可以直接进行作业，通道要求路面平整和平直，减少转弯和交叉。在充分考虑仓库柱距的基础上，库内通道宽度可参考表2-3。

表2-3　库内通道宽度

存储区域	建议宽度
平面存储区，仅使用液压托盘搬运车作业	宽度：1.5m～2.0m
平面存储区，使用平衡重叉车作业	宽度：3.0m～3.5m
高位货架区，使用前移式叉车作业	宽度：2.2m～3.2m
高位货架区，使用窄通道叉车/无轨巷道堆垛机作业	宽度：1.6m～1.8m

1．天花板高度设计

　　机械化、自动化作业仓库，对天花板的高度有较高的要求。使用叉车的时候，天花板的标准高度为3m；而使用多端式高门架的时候，天花板的高度要达到6m。另外，从托盘装载货物的高度看，包括托盘的厚度，密度大且不稳定的货物，通常以1.2m为标准；密度小而稳定的货物，通常以1.6m为标准。以其层数来看，1.2m/层×4层=4.8m，1.6m/层×3层=4.8m，因此，仓库的天花板高度一般最低为5m。

2．立柱间隔设计

　　立柱间隔的选择是否合理，对物流配送中心的成本、效益和运转费用都有重要的影响。在决定立柱间隔时，必须考虑存储设备型号和托盘的规格尺寸。一般情况下，立柱间隔以7m为宜。这个间隔适合2台大型货车（2.5m×2），或3台小型载货车（1.7m×3）作业，如果采用托盘存储，以能放置6个标准托盘为间隔宽度。库房立柱如图2-5所示。

图2-5｜库房立柱

3．地面高度设计

库房地面承载能力要求：普通仓库地面承载力为 $3t/m^2$；流通仓库地面承载力要保证重型叉车作业的足够受力。

库房地面高度的要求如下。

（1）低地面。

低地面高度要比基础地面高出 0.2m～0.3m，出入口为平稳的斜坡，便于叉车出入。

（2）高地面。

地面高度要与出入库车厢的高度相吻合。若是大型载货车（5t 以上），则地面高度为 1.2m～1.3m；若是小型载货车（3.5t 以下），则地面高度为 0.7m～1.0m；铁路货车站台的地面高度为 1.6m。

一般情况下，原材料库和半成品库，因为载重汽车直接出入的频率比较高，所以采用低地面较有利。流通库，因在库内分货、配货，并根据货物的不同，采取不同的存放方式，所以采取高地面较为合适。

4．月台宽度设计

月台与路面的高度差一般在 0.8m～1m，具体根据配送车辆确定，月台宽度在 4m 以上。月台如图 2-6 左图所示。

5．遮雨棚高度设计

遮雨棚与月台的高度差在 3m 以上，遮雨棚与路面的高度差在 4m 以上（使用海鸥式厢式货车时，高度差要在 5.5m 以上）。遮雨棚如图 2-6 右图所示。

图 2-6 | 库房月台和遮雨棚

课堂活动

B 公司是一家经营日用品的公司，经营的货物有营养保健食品、美容化妆品、家居用品和个人护理用品等，其在全国 20 多个城市都设有仓储，现面向社会招标仓储管理与配送物流服务商，要求如表 2-4 所示。请大家认真阅读表 2-4 所示要求，阐述对仓储规划的感想。

表 2-4　仓库需求

地点要求	距离公司主店铺车程 1 小时以内
	3km 内无水库或堤坝，1km 内无危险品仓库和存放刺激性气味货物的仓库，无排污工厂、废物堆放
外部环境	位于专业园区，封闭大院，保安管理，单体独立仓库
	院内有大型停车场
交通状况	距离高速路口小于 15km
	靠近主干道，出入口交通顺畅
仓库结构	钢架结构/水泥架结构/楼层结构仓库
	墙体有隔热材料或降温措施，顶部有隔热材料
	有带雨棚的月台，装卸平台可调节高度
	仓库高度为 5m～8m，仓库地面离地高度为 0.5m～1m
	进出库门 2 扇以上，宽度×高度为 3m×4m
	定期灭虫鼠，库内 6—9 月单月平均温度保证在 30℃以下
	地面铺设环氧树脂/金刚砂/水泥，环氧树脂地面优先
设备设施	存储货架：托盘货架、流利货架
	搬运设备：电动叉车、手动液压托盘搬运车、平板车
	拣货设备：拣货专用车、亮灯拣货系统
	通风设备：抽风机、工业风扇
	照明设备：金卤灯/节能灯/LED 灯，顶部采光带
	防洪及排水设备：自然灾害应急方案、抽水泵、发电机（备用）
	监控设备：摄像机等
信息化要求	仓库管理系统（WMS）、掌上电脑（PDA）、无线网、计算机、宽带

任务实施

第一步：学习相关知识。

第二步：梳理仓储园区平面布置应遵循的原则和库房建筑设计需要考虑的因素，将内容做成 PPT。

第三步：经过前期需求调研，小刘设计了仓储园区平面布置方案，如图 2-7 所示，其中，化妆品库和药品库为高地面仓库，带外飘的装卸月台。组织小组讨论，运用所学知识对该方案进行点评，并尝试给出不同的平面布置方案，标出物流动线。

第四步：小组代表模拟规划组长讲解培训 PPT，并展示自己小组的平面布置规划结果，讲解选择该方案的理由。

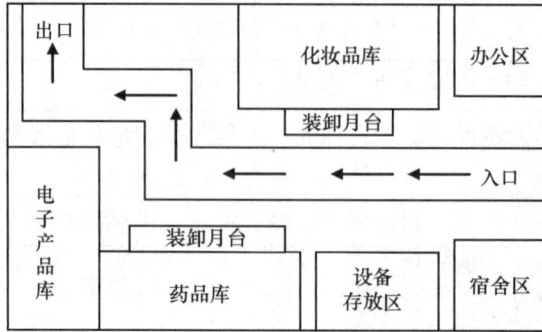

图 2-7 | 仓储园区平面布置

任务二 库房内部平面布置

任务引入

武汉仓储园区总体布局规划好以后，就进入库内规划阶段。已知化妆品库有收货区（验收区）、退货区、存储区（拣货区）、出库暂存区、复核包装区、配送交接区，各功能区域的平面布置如图 2-8 所示。请根据所学知识完成以下任务。

（1）分析该仓库的布局动线所属类型。

（2）如果将仓库的布局动线设计为 L 形，请绘制 L 形动线布局图。

（3）假设欧莱雅存储区有 12 组货架，请按照纵列式货位布置方式布置该区的货架，绘制货架布置图。

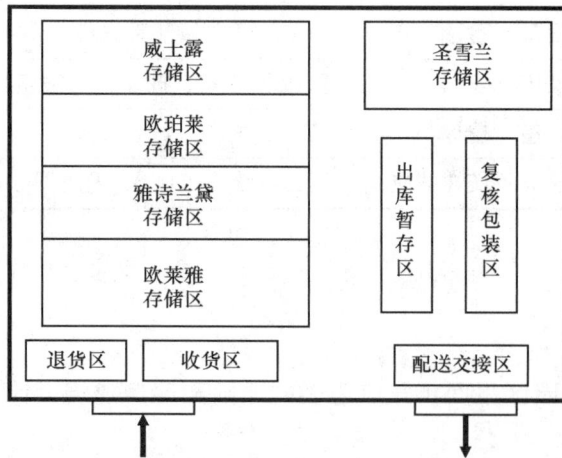

图 2-8 | 化妆品库平面布局

任务分析

完成该项任务需要了解常见的功能区域平面布置形式及特点、库内货位的布置形式及特点。

仓库功能区划分

相关知识

一、库房内部平面布置

（一）仓库常见的功能区

根据作业需要，仓库通常划分为多个功能区，主要有收货区、存储区、拣货区、出库区、退换货处理区等。

（1）收货区。

收货区用于入库货物的清点核对（数量检验）、外观检验（质量检验）、入库交接、入库暂存等操作。

（2）存储区。

存储区用于在库货物的储存和保管，根据需要，有些仓库又将存储区划分为平面存储区（地面堆码存放）和货架存储区（使用货架存放）。

（3）拣货区。

拣货区用于出库拣货操作。有些仓库采用存拣合一模式，即直接从存储区拣货。有些仓库另设拣货区，先将待拣货物从存储区转移到拣货区，在拣货区按单拣货，这种方式可以缩短拣货人员的行走距离，提高工作效率，适用于拣货品种较少的场合。在存拣合一模式下，存储区也为拣货区；在存拣分离模式下，存储区外另设拣货区。

（4）出库区。

出库区用于出库货物的暂存、扫描复核、包装、称重、贴标签等操作。

（5）退换货处理区。

退换货处理区用于退换货的登记、质检、包装，以及退货上架前和次品退仓前的暂存操作。

除了上述功能区域，有些仓库还设有拆零区、流通加工区、分货区、集货区、包装区等。

（二）仓库功能区域布置

我们在布置仓库的功能区域时，需要分析各区域业务流程的关联度，根据关联程度确定哪个功能区和哪个功能区相邻，形成合理的平面布局。下面是几种常见的仓库动线布局。

（1）I形动线布局。

I形动线布局如图2-9所示。根据作业顺序，自入仓到出仓，物料流动的路线为I形。

I形动线布局的特点：可以应对进出货高峰同时发生的情况，适用收发货频率高、存储时间短、使用不同类型车辆出货和发货的配送中心。

仓库动线布局的
类型

| 进货月台 | 进货暂存区 | 托盘货架区 | 拆零区 | 分货区 | 集货区 | 出货暂存区 | 出货月台 |
| | | | 流通加工区 | 返品处理区 | | | |

图 2-9｜I 形动线布局

（2）U 形动线布局。

U 形动线布局如图 2-10 所示。根据作业顺序，自入仓到出仓，物料流动的路线为 U 形。

返品处理区	货架存储区		拆零区	流通加工区
			分货区	
			集货区	
	入库暂存区	出库暂存区		
	进货月台	出货月台		

图 2-10｜U 形动线布局

U 形动线布局适用于存储库存品流动具有强烈的 ABC 分类库存控制法特征的仓库，即少量的库存量单位（Stock Keeping Unit，SKU）具有高频率出入库活动的仓库，可以应对进出货高峰同时发生的情况。

（3）L 形动线布局。

L 形动线布局如图 2-11 所示。根据作业顺序，自入仓到出仓，物料流动的路线为 L 形。该布局适用于进货、出货数量相当庞大的物流中心，适合进行越库作业，便于装卸货月台的利用。

货架存储区	拆零区	分货区	集货区	出货暂存区	出货月台
	流通加工区				
进货暂存区					
进货月台	返品处理区				

图 2-11｜L 形动线布局

（4）上下 U 形动线布局。

上下 U 形动线布局如图 2-12 所示。根据作业顺序，自入仓到出仓，物料流动的路线为上下 U 形。该布局适用于两层以上物流中心，该动线规划着重于进货、出货区域分离，同时考虑进货、验收、储存、流通加工、拣货、分货、集货、退货区功能设计。

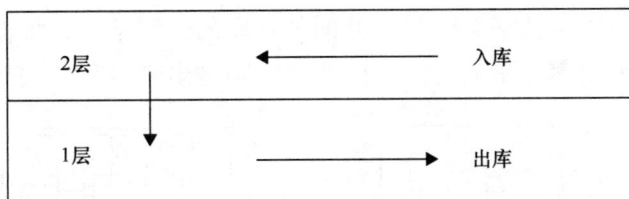

图 2-12 | 上下 U 形动线布局

（三）存储区的货位布置

1．分区分类存放原则

存储区一般采用分区分类存放原则，即将存储区按某种规则划分为若干子区域，分别存放不同类别的货物。

存储区分区方式有以下几种。

① 按货物的种类和性能进行分区。

② 按货物发往地区进行分区。

③ 按货物的危险性质进行分区。

④ 按方便作业和安全作业进行分区。

⑤ 按不同货主的储存货物进行分区。

分区分类存放应考虑货物的理化特性、保管条件要求、作业方式、灭火方式等因素，分区分类存放的原则如下。

① 存放在同一货区的货物必须具有互容性。

② 保管条件不同的货物不应混存。

③ 作业手段不同的货物不应混存。

④ 灭火措施不同的货物不能混存。

分区分类存放原则

2．存储区货位布置形式

存储区货位布置是指货垛、货架的排列形式。合理的货位布置，一方面要满足货物的保管要求，方便进出库作业；另一方面要尽可能提高仓库平面和空间利用率。库内货垛、货架的排列形式分为垂直式布局和倾斜式布局两种。垂直式布局又分为横列式布局、纵列式布局和纵横式布局，倾斜式布局又分为货垛倾斜式布局和通道倾斜式布局。

存储区货位布置形式

（1）横列式布局。

横列式布局是指货垛或货架的长度方向与仓库的长度方向互相垂直，如图 2-13 所示。

这种布局的优点是主通道长且宽，副通道短，整齐美观，便于存取查点，如果用于库房布局，还利于通风和采光；缺点是主通道宽，占用面积大，仓库平面利用率受影响。

（2）纵列式布局。

纵列式布局是指货垛或货架的长度方向与仓库的侧墙平行，如图 2-14 所示。这种布局的优点是可以根据库存货物在库时间的不同和进出频繁程度安排货位。

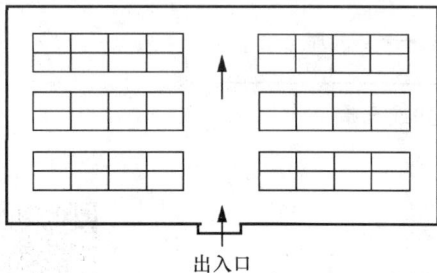

图 2-13 | 横列式布局

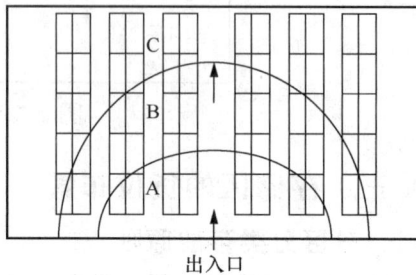

图 2-14 | 纵列式布局

例如，A 区存放在库时间短、进出频繁的货物，B 区存放在库时间中等、进出库频率中等的货物，C 区存放在库时间长、进出库不频繁的货物。

课堂活动

假设补水、保湿类化妆品在库时间最短，进出库频率最高；深层清洁、美白、控油类化妆品在库时间中等和进出库频率中等；收缩毛孔、去黑头类化妆品在库时间相对较长，进出库频率低。请思考如何使用纵列式布局存放这些货物。

（3）纵横式布局。

纵横式布局是指在同一保管场所内，横列式布局和纵列式布局兼而有之，可以综合利用两种布局的优点。纵横式布局如图 2-15 所示。

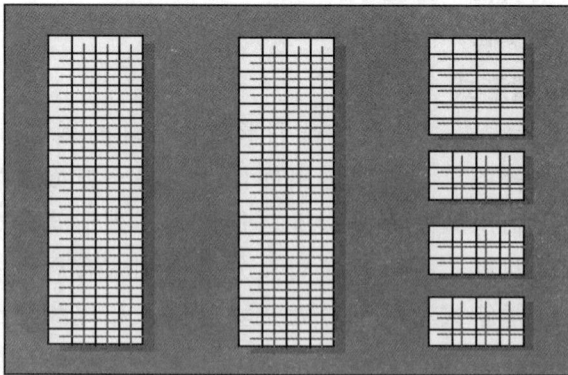

图 2-15 | 纵横式布局

（4）货垛倾斜式布局。

货垛倾斜式布局是指货垛或货架与仓库侧墙或主通道形成 60°、45° 或 30° 夹角，如图 2-16 所示。这种布局方式是横列式布局的变形，优点是便于叉车作业，能缩小叉车的回转角度，提高作业效率；缺点是造成许多死角，仓库平面利用率较低。

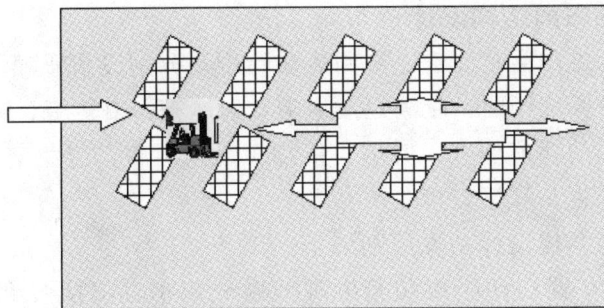

图 2-16 | 货垛倾斜式布局

（5）通道倾斜式布局。

通道倾斜式布局是指仓库的通道斜穿保管区，把仓库划分为具有不同作业特点的区域，如大量存储和少量存储的保管区等，以便进行综合利用。这种布局方式能避免死角，仓库平面利用率较高，但库内形式较复杂。通道倾斜式布局如图 2-17 所示。

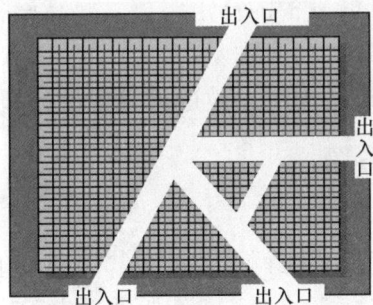

图 2-17 | 通道倾斜式布局

二、堆场平面布置

（一）集装箱堆场平面布置

1. 集装箱堆场的概念

集装箱堆场是指堆存和保管集装箱的场所，如图 2-18 所示。

图 2-18 | 集装箱堆场

2．集装箱堆场布局结构设计

根据集装箱货运站的生产工艺，专用集装箱堆场分别设置重箱堆场、空箱堆场、维修与修竣箱堆场。设置堆场时，应满足发送箱、到达箱、中转箱、周转箱和维修箱等的生产工艺操作和不同的功能要求，并尽可能缩短运输距离，避免交叉作业，便于准确、便捷地取放所需集装箱，利于管理。

集装箱堆场布局结构设计基本原则如下。

① 中转箱区应布置在便于集装箱顺利地由一辆车直接换装到另一辆车的交通便利处。

② 周转箱区和维修箱区应布置在作业区外围，靠近维修车间，便于取送和维修，减少对正常作业的干扰。

③ 合理布置箱位既要充分利用堆场面积，又要留有合理间距和通道，便于集装箱的运输和装卸。

④ 合理选择与利用装卸机械和起重运输设备，保证作业机械畅通地进出堆场，有足够的作业半径，尽量缩短机械设备的行走距离，提高设备利用率。

⑤ 场区内要有一定的坡度，利于排水。

⑥ 堆场场地要耐用，应根据堆存层数进行相关设计和处理。

（二）杂货堆场平面布置

1．杂货的概念

杂货是指直接以货物包装形式进行流通的货物。货物的包装有袋装、箱装、桶装、捆装、筐装、篓装、坛装、裸装等，如表 2-5 所示，也包括采用成组方式流通的货物。杂货中的很大一部分可以直接在堆场露天存放，如钢材、油桶、日用陶器、瓷器等。

表 2-5　杂货分类

包装方式	杂货
袋装	袋装粮、袋装盐、袋装水泥等
箱装	日用百货、食品、小五金等
桶装	桶装食油、桶装汽油等
捆装	捆装棉花、钢筋等
筐装、篓装、坛装	蔬菜、水果等
裸装	钢材、铝锭等

2．杂货存放的特点

在堆场存放杂货要考虑是否需要苫盖、垫垛，以便排水除湿。杂货的杂乱性使得杂货的装卸、堆垛作业效率极低，而且需要较大的作业空间；同时杂货容易混淆，需要严格区分。

3．杂货堆场的货位布置形式

大多数杂货的货位布置形式采用分区、分类布置，即存储货物在"三一致"（性能一致、养护措施一致、消防方法一致）的前提下，把堆场划分为若干保管区域，再根据货物大类和性能等划分为若干类别，以便分类集中堆放。杂货堆场的货位布置如图 2-19 所示。

图 2-19 | 杂货堆场的货位布置

（三）散货堆场平面布置

1. 散货的概念

散货是指无包装、无标记的小颗粒直接以散装方式进行运输、装卸、仓储、保管和使用的货物。在仓储中不受风雨影响的散货一般直接堆放在散货堆场上，如沙、石、矿等物资。

2. 散货堆场地面结构布置

散货堆场根据堆放货物的种类不同，地面结构也不完全相同，可以是沙土地面、混凝土地面等。由于存量巨大，要求地面有较高的强度，由于散货具有大批量的特性，散货堆场往往面积较大。为了便于疏通，散货堆场采取明沟的方式排水，并且通过明沟划分较大的面积货位。散货堆场采用铲车或者输送带进行作业，所堆的垛形较大。散货堆场如图 2-20 所示。

图 2-20 | 散货堆场

任务实施

第一步：学习相关知识。

第二步：分析图 2-8 所示的布局形式及特点。

第三步：绘制该仓库 L 形动线布局图。

第四步：绘制欧莱雅存储区中货架的纵列式布局图。

任务三　储货区货位编码

任务引入

已知化妆品库圣雪兰存储区有 12 组货架，图 2-21 为货架平面布置，图 2-22 为货架正视图，请为图中货架货位编码，并给出编码表。

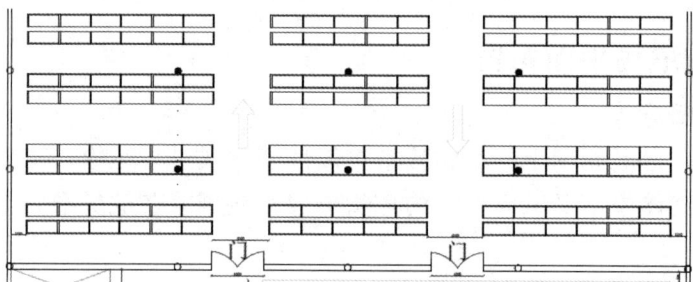

图 2-21 | 圣雪兰存储区货架平面布置

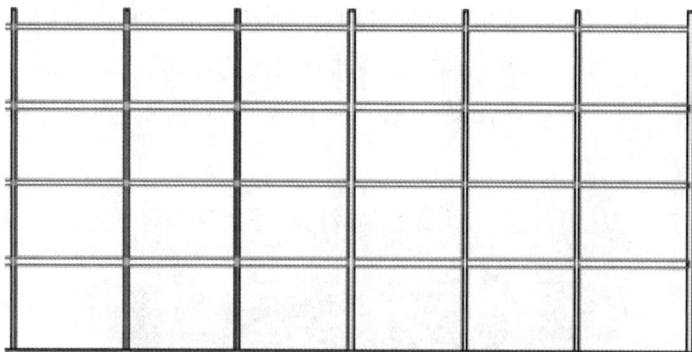

图 2-22 | 圣雪兰存储区货架正视图

任务分析

货位编码是货位使用的基础，货位编码合理与否会影响仓储管理效率高低，所以仓储管理人员必须掌握货位编码的方法，理解货位编码的作用和意义。

🖊 相关知识

一、货位编码的方法

（一）货位编码的概念

货位编码是指将库房、料棚、货场、货架、货垛、货位按某种规则统一编码。货位编码的方法有地址编码法、区段编码法、品种编码法等。

（二）地址编码法

地址编码法就是利用保管区中建筑物的栋、区段、排、行、层、格等做参考，按相关顺序编号的方法。地址编码法通常采用 "三号定位法"和"四号定位法"。

1. 三号定位法

三号定位法是指用 3 组数字依次表示仓库、楼层、仓间位置的方法。

例如，编号 01-02-03，表示 1 号库、2 层、3 号仓间，如图 2-23 所示。三号定位法主要用于对多层库房的楼层、仓间编号。

2. 四号定位法

四号定位法是指采用 4 组数字依次表示库房（货场）、货架（货区）、层号（排次）、货位号（垛位号）的方法。

例如，编号 01-02-03-05 是指 1 号库房（1 号货场）、2 号货架（2 号货区）、第 3 层（第 3 排）、第 5 列货位（第 5 号货垛），如图 2-24 所示。

01	02	03
仓库号	楼层号	仓间号

图 2-23 | 三号定位法

01	02	03	05
库房号	货架号	货层号	货位号

图 2-24 | 四号定位法

地址编码法

编号时，为防止看错，可在第一位数字后加上字母"K""C"或"P"，分别代表库房、货场、货棚。

例如，01K-02-03-05，即为 1 号库房、2 号货架、第 3 层、第 5 列货位。

在应用三号定位法或四号定位法编码时，具体编码顺序可根据仓库具体情况设定，一般需要综合考虑拣货行走路线、仓库管理要求等。下面给出几种编码实例。

（1）仓库编号。

仓库编号是指对货场、货棚和库房的编号。

一种方法是以进入仓库正门的方向为参考，按照左单右双的顺序依次编号，如图 2-25 所示。

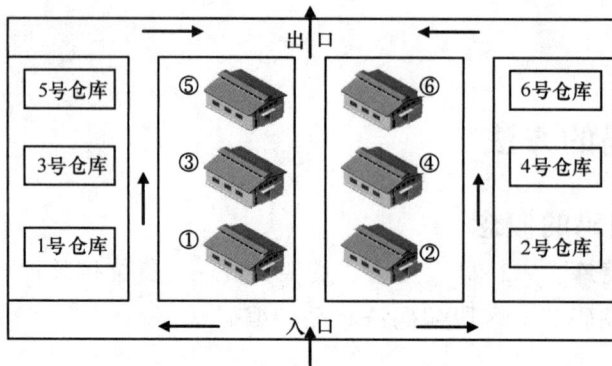

图 2-25 | 左单右双编号

另一种方法是以进入仓库正门的方向为参考，按照建筑物或仓库的远近，自左到右依次编号，如图 2-26 所示。

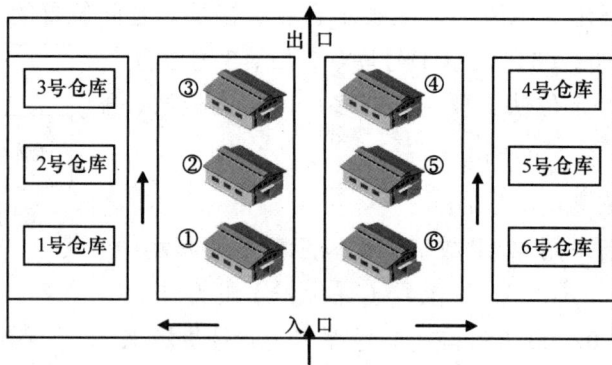

图 2-26 | 自左到右依次编号

课堂活动

某仓储中心平面如图 2-27 所示。该仓储中心拥有 4 个货棚，用于存放农用生产资料；2 个货场，用于存放建筑材料；1 栋 4 层楼房仓库，每层 10 个仓间，主要用于存放服装、箱包和化妆品。请用不同的方法为该仓储中心的货棚、货场、仓库编号，并绘制草图。

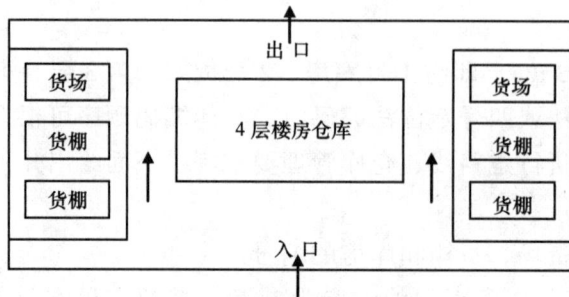

图 2-27 | 某仓储中心平面

38

（2）库内货架货位编码方法。

方法一：以排为单位进行货架货位编码。

① 对货架排数的编号方法：在通道内，面向货架从左至右（从右至左）依次编号，如图 2-28 所示。

货架货位的地址编码法

② 对货架层数的编号规则：从货架下层向上层依次编号。

③ 对货架列次进行编号：面向货架从左侧起横向依次编号，如图 2-29 所示。

图 2-28 | 货架排数编号

货架列次编号				
03–01	03–02	03–03	03–04	03–05
02–01	02–02	02–03	02–04	02–05
01–01	01–02	01–03	01–04	01–05
过道				

图 2-29 | 货架列次编号

案例

2 号库房 3 号货架第 3 层第 4 列用 "2K-03-03-04" 表示。

案例

A 库房 8 号货架第 2 层第 5 列用 "AK-08-02-05" 表示。

方法二：以通道为单位进行货架货位编码。

面向同一通道的两排货架为一组，使用相同编号。

① 对货架排数的编号方法：站在主通道，面向副通道，自右向左依次按顺序编号，如图 2-30 所示。

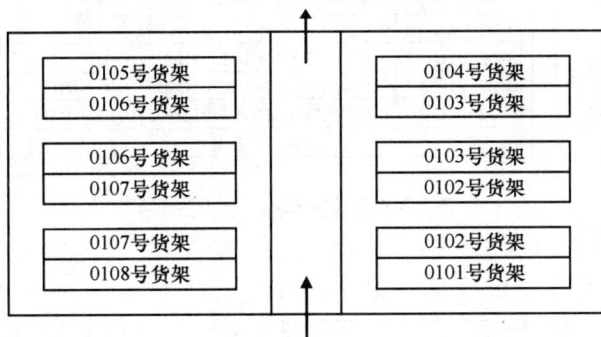

图 2-30 | 货架排数编号

② 对货架层数的编号规则：站在副通道内，面向货架，自下层向上层依次编号。

③ 对货架列次进行编号：站在副通道内，面向货架，自右向左依次编号或左双右单编号。

假设每排货架为 4 层 4 列，图 2-31 采用了自右向左依次编号的方式，拣货会形成 U 形路线，需要设置的副通道相对较宽。

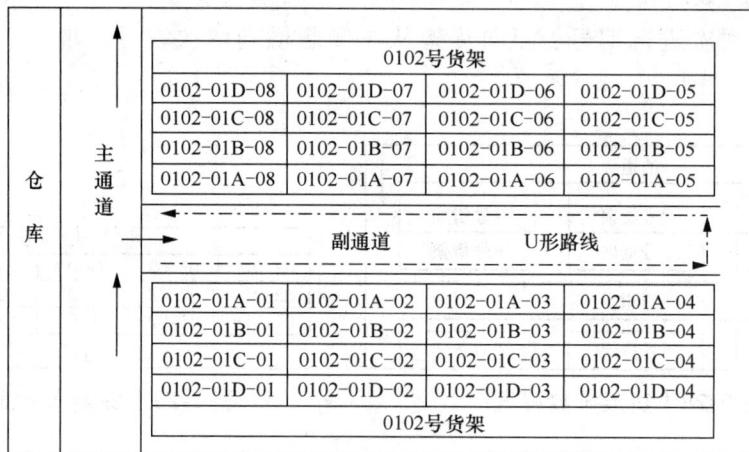

0102号货架			
0102-01D-08	0102-01D-07	0102-01D-06	0102-01D-05
0102-01C-08	0102-01C-07	0102-01C-06	0102-01C-05
0102-01B-08	0102-01B-07	0102-01B-06	0102-01B-05
0102-01A-08	0102-01A-07	0102-01A-06	0102-01A-05

仓库　主通道　副通道　U形路线

0102-01A-01	0102-01A-02	0102-01A-03	0102-01A-04
0102-01B-01	0102-01B-02	0102-01B-03	0102-01B-04
0102-01C-01	0102-01C-02	0102-01C-03	0102-01C-04
0102-01D-01	0102-01D-02	0102-01D-03	0102-01D-04
0102号货架			

图 2-31 ｜ 自右向左的货位编号

图 2-32 采用了左双右单的编号方式，拣货会形成"之"字形路线，这种方式能够减少拣货人员的行走路线，但容易造成拣货车辆和人员的拥堵。

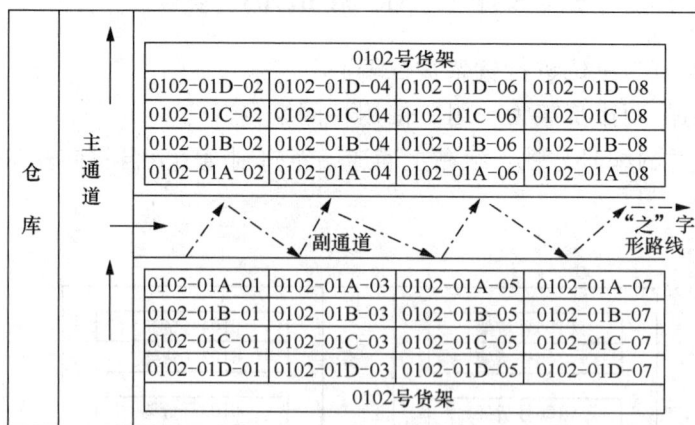

0102号货架			
0102-01D-02	0102-01D-04	0102-01D-06	0102-01D-08
0102-01C-02	0102-01C-04	0102-01C-06	0102-01C-08
0102-01B-02	0102-01B-04	0102-01B-06	0102-01B-08
0102-01A-02	0102-01A-04	0102-01A-06	0102-01A-08

仓库　主通道　副通道　"之"字形路线

0102-01A-01	0102-01A-03	0102-01A-05	0102-01A-07
0102-01B-01	0102-01B-03	0102-01B-05	0102-01B-07
0102-01C-01	0102-01C-03	0102-01C-05	0102-01C-07
0102-01D-01	0102-01D-03	0102-01D-05	0102-01D-07
0102号货架			

图 2-32 ｜ 左双右单的货位编号

方法三：以品种为单位进行货架货位编码。

将库房内的货架，按货物的品种划分存储区域后，再以品种占用存储区域的数量，在分区编号的基础上对货架格眼进行编号。

方法四：以货物编号代替货架货位编号。

该方法适用于进出频繁的零星散装货物。在编号时，要使货架格眼的大小、多少与所存放货物的体积、数量相适应。

案例

某类货物的编号为 10101 号—10109 号，储存货格的一个格眼可放 10 个编号的货物，则在货架格眼上制作 10101-10 的编号，并依次类推。

（3）货场、货棚内货位编码方法。

货场、货棚内货位编码方法与库房内货架货位编码方法类似。四号定位法中的 4 组数字依次表示货场（货棚）、货区、排次、垛位号。编号时，为防止出错，可在第一位数字后加上字母"K""C"或"P"，分别代表库房、货场、货棚。

案例

01P-02-03-05，即为 1 号货棚、2 号货区、第 3 排、5 号垛位，如图 2-33 所示。

货棚号	货区号	排次	垛位号

图 2-33 | 货场货位编号

（三）区段编码法

区段编码法是指把保管区分成不同的区段，再对每个区段进行编码的方法。按区段编码如图 2-34 所示。

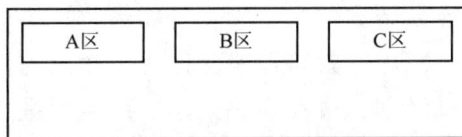

A区	B区	C区

图 2-34 | 按区段编码

区段编码法和品种编码法

这种编码方式以区段为单位，每个号码所代表的储存区域比较大，适用于集装化、大批量、储存周期短的货物。货物按流量大小决定占用的区段大小，以进出库频率决定存放顺序。

（四）品种编码法

品种编码法是指把具有相关性的货物经过集合后，划分为几个品项群，再对每个品项群进行编码的方法。这种编码方法适用于容易按货物类别保管的场合和品牌差距大的货物，如服饰、日杂、食品等。按品种编码如图 2-35 所示。

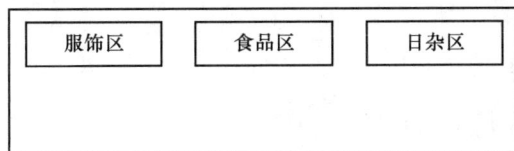

服饰区	食品区	日杂区

图 2-35 | 按品种编码

二、货位编码的标志

货位编码如同货物在仓库中的地址，必须符合"标志明显易找，编排循规有序"的原则。

（一）标志设置要适宜

货位编码的标志设置要因地制宜，选择适当的地方、采用适当的方法标记货位。在无货架的库房内，走道、支道、段位的标志一般都设置在水泥或木板地面上；在有货架的库房内，货位标志一般标记在货架上。货位编码标志如图 2-36 所示。

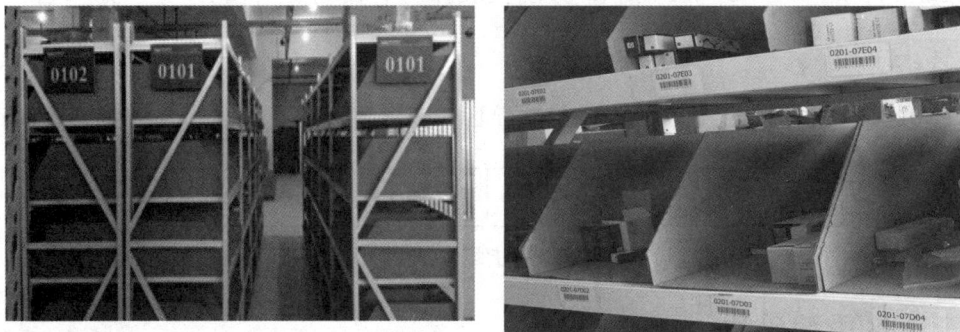

图 2-36 | 货位编码标志

（二）标志制作要规范

货位编码的标志要规范，否则容易造成单据串库及货物错收、错发等事故。统一使用阿拉伯数字制作标志，就可以避免以上事故。为了将库房与走道、支道、段位等加以区别，可在字码大小、颜色上进行区分，也可在字码外加上括号、圆圈等符号加以区分。

货位编码的标志

（三）编号顺序要一致

整个仓库范围内的库房，货场内的走道、支道、段位的编号，一般都以进门的方向为参考，按照左单右双或自左向右（自右向左）的顺序进行编制。

（四）段位间隔要恰当

段位间隔的宽窄应取决于货种及批量的大小。应注意的是，走道、支道不宜经常变更位置、编号，否则不仅会打乱原来的货位编号，而且会使保管员不能迅速收发货。

三、货位编码的应用

应用货位编码需要注意以下几点。

（一）及时记录货位信息

当货物入库后，应将物资所在货位的编码及时登记在保管账（卡）的"货位号"栏中，采用计算机管理的要将编码输入计算机。货位编码输入准确与否，直接决定出库货物的准确性，工作人员应认真操作，避免出现差错。

（二）及时更新货位信息

当物资所在的货位变动时，保管账（卡）中的货位号应同时调整，做到"见账知物"和"见物知账"。

（三）明显标记货位信息

为提高货位利用率，一般情况下，同一货位可以存放不同规格的货物，但必须采用具有明显区别的标志，以免造成差错。

（四）走道、支道不宜经常变动

走道、支道不宜经常变动，否则不仅会打乱原来的货位编码，而且还要调整库房照明设备。

案例

某制造企业的货位编码方案

货位编码是仓储规划工作不可缺少的内容，它需要综合考虑仓库作业的特点和管理要求。某制造企业使用横梁货架存放生产线用的原材料和零部件，货架为 3 层 4 列。第三层存放整托物料，第二层存放大周转箱装物料，第一层存放小周转箱装物料。

物料出库时，由生产线拉动从货架 1 层拣货，拣货单位为 1 个小周转箱，当第一层物料不足时，从第二层大周转箱补货到第一层小周转箱；当第二层缺料时，从第三层托盘向第二层周转箱补货；当第三层缺料时，从翻码区向托盘补货，每次补一整托。

货位编码方案：根据出库拣货作业特点，第三层一个托盘位为一个大列进行编码，第二层 2 个周转箱对应第三层一个托盘，分为 2 个小列进行编码，第一层 3 个周转箱对应第三层一个托盘，分为 3 个小列进行编码，如图 2-37 所示。这种编码方式便于企业对拣货作业和补货作业的管理。

A01-54-31			A01-53-31		
A01-54-21		A01-54-20	A01-53-21		A01-53-20
A01-54-12	A01-54-11	A01-54-10	A01-53-12	A01-53-11	A01-53-10

图 2-37 | 货架货位编码

任务实施

第一步：学习相关知识。

第二步：小组讨论，运用不同的方法进行货位编码。

第三步：绘制货位编码示意图。

任务四　仓储设施设备选择

任务引入

武汉仓储中心化妆品库既有面向店铺的企业对企业（Business-to-Business，B2B）配送，也有面向个人的商家对顾客（Business-to-Customer，B2C）配送。B2B配送为托盘拣货，经出库复核后直接装车运输。B2C配送为整箱或散件拣货，散件出库需要二次包装，在出库区经扫描复核、包装、称重、粘贴配送标签后，由出库流水线输送至环形快递分拣线，分拣线根据标签条码按路向进行分拣，然后摆放在指定区域等待快递配送。请完成以下任务。

（1）为化妆品库选择存储货架。

（2）为化妆品库选择拣货设备。

（3）为出库区选择相应设备。

（4）为快递分拣区选择分拣设备。

（5）列出设备清单，注明类型。

任务分析

该任务需要为仓储中心选择收发设施设备、装卸搬运设备、仓库存储设备和仓库分拣设备。读者只有熟知这些设备的常见类型、特点和选择依据，才能给出合理的设备配置方案。

相关知识

仓储活动包括收货物、装卸搬运、物料存储、物料分拣、发运货物，与之相匹配，仓储设备主要有收发设施设备、装卸搬运设备、仓库存储设备、仓库分拣设备、其他周边设备几种类型，如表2-6所示。

表2-6　仓储设备种类

收发设施设备	收发货站台、站台登车桥、计量设备等
装卸搬运设备	叉车、起重机、连续输送机械、人力搬运设备、自动导引车
仓库存储设备	货架、托盘、周转箱
仓库分拣设备	拣货车、输送机、自动分拣系统
其他周边设备	托盘裹膜机、捆扎机

一、收发设施设备

（一）收发货站台

收发设施设备

收发货站台（又称月台）的作用主要是提供车辆的停靠，以及货物的装卸、暂时存放。

根据位置不同，月台可分为外置月台和内置月台两种。外置月台是指月台布置在仓库外面。内置月台则是指月台嵌在仓库之中。目前，这两种形式比较常见，总体来说，大多数常温仓库选择外置月台，而内置月台由于封闭性好，更适用于对冷链有严格要求的场合，如冷链仓库。

根据形状不同，月台又可分为直线型月台和锯齿型月台，如图 2-38 所示。锯齿型月台适用于货车回转空间较小的仓库，此种布置下，货车可由尾端或侧端装卸货。直线型月台适用于车辆回旋纵深较深、对外部空间要求大的仓库，当土地价格昂贵时，可以考虑采用锯齿型月台，否则以直线型月台为佳。

（a）直线型月台

（b）锯齿型站台

图 2-38 ｜ 收发货站台

（二）站台登车桥

站台高度固定，而运输车辆车厢的厢底高度不一，这往往造成运输车辆与收发货站台之间存在一定的高度差或间隙，导致叉车等搬运工具无法进出车厢直接装卸货物。为使手推车辆、叉车等快速、安全、顺畅地进入车厢，提高装卸效率，仓库广泛采用站台登车桥。

1. 嵌入式站台登车桥

嵌入式站台登车桥是指将登车桥嵌在装卸货月台中，如图 2-39 所示。安装好的登车桥主板面与装卸货平台的上平面齐平，在没有装卸车作业时，不会影响平台上的其他作业活动。在进行货物装卸时，工作人员通过调整嵌入式站台登车桥的角度，可使其与货车车厢底部对齐。使用嵌入式站台登车桥，需要在仓库建筑结构设计时做通盘规划。

2. 移动式站台登车桥

移动式站台登车桥主要用于现场无装卸货平台或需要流动装卸货物的作业场所。移动式站台登车桥相当于一个移动的、可调节高度的钢结构斜坡，手动操作液压杆能够实现登车桥的坡度调整，灵活搭接不同高度的货车车厢，从而使得叉车能直接驶入货车车厢进行装卸作业，其样式如图 2-40 所示。

图 2-39 | 嵌入式站台登车桥

图 2-40 | 移动式站台登车桥

（三）计量设备

计量设备用于货物进出库时的计量、点数，或者存货期间的盘点、检查等。常用的计量设备有地磅、轨道衡、电子秤、自动称重系统等。

1. 地磅

地磅又称作电子汽车衡，广泛用于港口、货场、仓库码头等批量物料的称重计量场所。地磅如图 2-41 所示。

图 2-41 | 地磅

2．轨道衡

轨道衡是称量铁路货车载重的衡器，广泛用于工厂、矿山、冶金、外贸和铁路部门对货车散装货物的称量。轨道衡如图 2-42 所示。

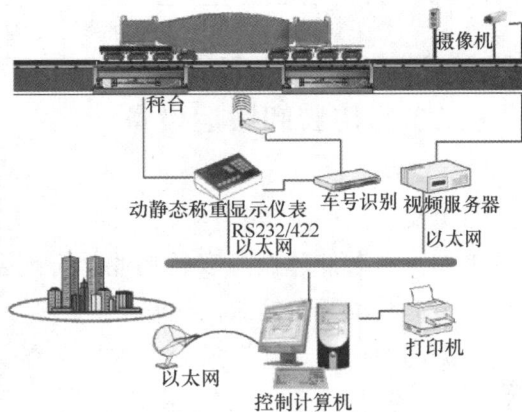

图 2-42 ｜轨道衡

3．电子秤

电子秤是集传感器技术、电子技术和计算机技术于一体的电子称量装置，可以通过接口与计算机相连，将称重信息传输到计算机中。电子秤如图 2-43 所示。

4．自动称重系统

自动称重系统是一种自动高速动态在线称重检测设备，可以在物料输送过程中称重检测，如包裹出库分拣时，经自动称重系统检测称重，达到出库复核、提高物料处理效率的目的。自动称重系统如图 2-44 所示。

图 2-43 ｜电子秤

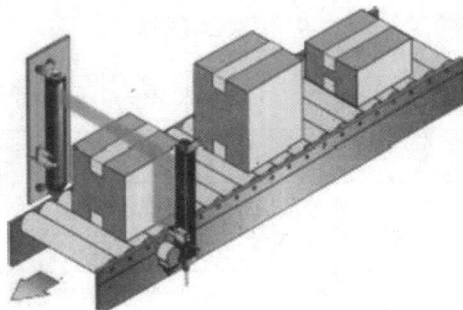

图 2-44 ｜自动称重系统

▌二、装卸搬运设备

（一）装卸搬运设备的种类

仓储有大量的装卸搬运活动，需要配置装卸搬运设备。装卸搬运设备包括起重设备和搬运设备，如表 2-7 所示。

表 2-7　装卸搬运设备

起重设备	叉车、轻小型起重机、桥式类起重机、臂架类起重机等
搬运设备	叉车、输送机械、液压托盘搬运车、人力小车、自动搬运小车等

（二）常用装卸搬运设备

1．叉车

（1）叉车的种类。

叉车具有装卸和搬运双重功能，可配合托盘使用，对成件托盘货物进行装卸、堆垛和短距离运输。

叉车类型及选择

根据动力不同，叉车又分为内燃叉车、电动叉车，如表 2-8 所示。

表 2-8　不同动力类型叉车的特点

叉车类型	特点
内燃叉车	以柴油、汽油、液化石油气或天然气发动机作为动力，载荷能力较大，考虑到尾气排放和噪声问题，通常用在室外作业场所
电动叉车	以电动机为动力，蓄电池为能源。由于没有污染、噪声小，广泛应用于室内作业场所，以及对环境要求较高的医药、食品等行业。因人们对环境保护越来越重视，所以电动叉车正在逐步取代内燃叉车。由于电动叉车的每组电池一般在工作约 8 小时后需要充电，所以它在多班工作制的场所需要配备备用电池，设置充电区

根据叉车结构特点不同，叉车又分为平衡重叉车、前移式叉车、侧面式叉车、插腿式叉车等，如表 2-9 和图 2-45 所示。

表 2-9　不同结构类型叉车的特点

叉车类型	特点
平衡重叉车	车体的前方装有升降货叉，尾部装有平衡重块，因而被称为平衡重叉车。平衡重叉车应用广泛，占叉车总量的80%左右
前移式叉车	运行时门架后移，使货物重心位于前、后轮之间，运行稳定，无须平衡重心。自重轻、载重小、转弯半径小，适合通道较窄的室内作业
侧面式叉车	在通道内进行装卸作业时，货叉面向货架或货垛，不必先转弯后作业，有利于装卸搬运长条状货物，适合窄通道作业
插腿式叉车	车体前方带小轮子的支腿用来保持车体的稳定。货叉位于两腿之间，车体不会失去稳定性，结构紧凑，尺寸小，适用于通道窄的室内作业场所。其缺点是货叉有最低高度限制，需要有一定装卸高度货叉才能插入

（a）平衡重叉车　　　　　　　　（b）前移式叉车

（c）侧面式叉车　　　　　　　　（d）插腿式叉车

图 2-45 | 不同类型叉车

（2）选择叉车应考虑的因素。

① 作业场地因素。作业场地因素包括作业区的选择（如室内或室外），作业区的大小，通道的长短，库房形状、构造，出入口的高度和宽度，地面承重能力等。

② 装卸搬运作业量。装卸搬运作业量包括作业区的日吞吐量、单一负荷的重量。

③ 使用条件。使用条件包括搬运距离、货物的外形尺寸、作业周期、有包装货物的堆垛层数和高度等。

④ 经济性。经济性包括叉车的使用费用和经济效益。

⑤ 系统性。系统性主要是指整个物流系统的机械化程度以及与其他设备的关系。

2. 智能搬运机器人

智能搬运机器人是指用于货物搬运、分拣、拣选等操作的机器人，主要包括各类 AGV/AMR。

（1）什么是 AGV/AMR

AGV（Automated Guided Vehicle），又称自动导引车，是一种能够沿规划好的路径行驶，以电池为动力，无人驾驶的自动化搬运车辆。AMR（Automatic Mobile Robot），又称自主移动机器人，智能 AGV。AMR 可以自由运动及自主避障，智能性比传统的 AGV 高很多。AGV/AMR 又包括多种类型。

（2）AGV/AMR 的类型及适用场景

① 根据导航技术不同

导航技术的发展经历了从"有标识导航"到"无标识自主导航"的螺旋式上升过程，如图 2-46 所示，由此形成了磁条导航、二维码导航、激光反射板导航、激光 SLAM 导航、视觉 SLAM 导航等不同类型的搬运机器人。不同类型的搬运机器人如图 2-47 所示。

```
├──────── 有标识导航 ────────┤├──────── 无标识自主导航 ────────┤
     ●            ●              ●              ●              ●
  磁条导航     二维码导航    激光反射板导航   激光SLAM导航    视觉SLAM导航
```

图 2-46 | 导航技术的发展历程

（a）磁条导航　　　　（b）二维码导航　　　　（c）激光导航

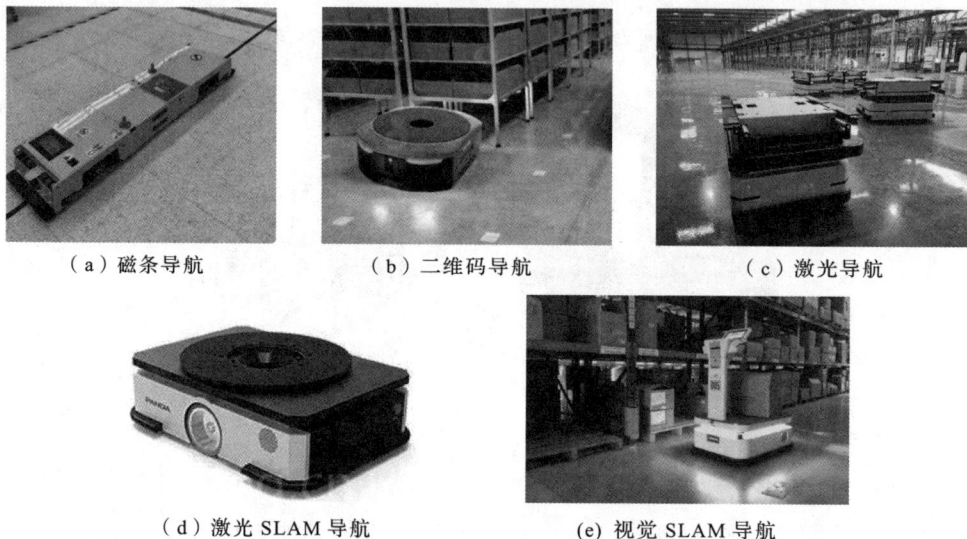

（d）激光 SLAM 导航　　　　(e) 视觉 SLAM 导航

图 2-47 | 不同类型的搬运机器人

不同类型 AGV/AMR 的特点如表 2-10 所示。

表 2-10　不同类型 AGV/AMR 的特点

	导航方式	设备成本	施工	维护成本	灵活性	导航精度	缺点
1	磁条导航	低	在地面铺设固定的磁条作为导引线	高	低	高	固定路线导航，灵活性差
2	二维码导航	低	在地面铺设二维码	高	较高	高	二维码易污损，维护和更改成本较高
3	激光导航	高	在墙面设置反光板	较低	高	高	反光板前不能有遮挡物
4	激光 SLAM 导航	高	地面不需铺设引导路径	低	高	较高	在两侧是墙壁的长廊环境中容易发生定位丢失；高精度激光传感器的成本较高
5	视觉 SLAM 导航	较低	地面不需铺设引导路径	低	高	较高	对光线依赖度高，且对算力要求高；技术处于进一步研发和场景落地阶段

② 根据结构和功能不同

根据结构和功能不同可分为潜伏式 AGV、叉车式 AGV 两类。

（a）潜伏式 AGV

潜伏式 AGV 又包括潜伏顶升 AGV、潜伏牵引 AGV、滚筒移载 AGV、潜伏全向 AGV 等。潜伏顶升 AGV 在工作时，会钻到货架的底下，利用液压托盘托起货架，然后带着货架移动，到达目标位置后再放下货架。潜伏牵引 AGV 就像一个火车头一样，在其尾部可以牵引拖车，通过 AGV 的拉动进行物料搬运。滚筒移载 AGV 就是在 AGV 小车上面配置滚筒装置，可与仓库中的连续输送机械对接，实现托盘、成件物料的移载和搬运。潜伏全向 AGV 包括全向顶升式、全向横移式等，所谓全向，就是其运动的自由度可以是全向的，或可以实现横移动作。不同类型的潜伏式 AGV 如图 2-48 所示。

（a）潜伏顶升式 AGV

（b）潜伏牵引式 AGV

（c）滚筒移载 AGV

（d）潜伏全向 AGV

图 2-48 | 不同类型的潜伏式 AGV

（b）叉车式 AGV

叉车式 AGV 又称"无人叉车"，是一种智能工业车辆机器人，如图 2-49 所示。叉车式 AGV 融合了叉车技术和 AGV 技术，其特点是通过在叉车上加载各种导航技术，实现叉车的无人化作业。

图 2-49 | 叉车式 AGV

与潜伏式 AGV 相比，叉车式 AGV 除了能完成点对点的物料搬运之外，更能实现多个生产环节对接的物流运输，在重复搬运、高精度码垛及高位存取等场景中，有着不可替代的作用。

按照叉车 AGV 的结构特征不同，分为堆垛式叉车 AGV、搬运式叉车 AGV、平衡重叉车 AGV 和前移式叉车 AGV，适用于不同场景。堆垛式叉车 AGV 适用于提升高度较高的场景，搬运式叉车 AGV 适用于物料较重，基本不需要提升的场景，平衡重叉车 AGV 适用于叉取田字形托盘货物，前移式叉车 AGV 适合于通道较窄的室内仓库及高层货架搬运和装卸作业。

3．连续输送机械

常用的连续输送机械有辊道式输送机、皮带输送机、悬挂输送机、链式输送机等，如表 2-11 和图 2-50 所示。

表 2-11　连续输送机械种类及特点

连续输送机械种类	特点
辊道式输送机	用于输送成件货物（箱装、袋装、桶装、盒装）或托盘货物，可组成出入库流水线和自动分拣线
皮带输送机	主要用于在水平和倾斜（角度较小）方向输送大量散粒物料或中小型成件货物，可组成出入库流水线、自动分拣线和装卸系统
悬挂输送机	具有协调生产的暂存缓冲功能，物料可以在悬挂输送系统上暂时存放一段时间，直到生产或装运为止
链式输送机	链式输送机的种类很多，物流系统常用的有链板输送机、埋刮板输送机等。链式输送机可以输送大多数类型的货物，如散料、小件货物（电子元器件、机械零件、罐装、瓶装等）、大件货物（整件家电等）、各种箱装货物等

（a）辊道式输送机　　　　　　　　（b）皮带输送机

（c）悬挂输送机　　　　　　　　（d）链式输送机

图 2-50 │ 连续输送机械

连续输送机械广泛应用于仓库、配送中心、大型货场、港口等，可组成进出库输送系统、自动分拣系统、自动装卸系统等。

地牛

4. 人力搬运设备

在仓库内，近距离、轻型货物的搬运使用人力作业占有一定比例。常用的人力搬运设备有人力搬运小车和手动液压托盘搬运车，如图 2-51 所示。

图 2-51 │ 人力搬运设备

三、仓库存储设备

（一）货架

1. 货架的种类

根据分类标准不同，货架可分为表 2-12 所示的几种类型。

表 2-12　货架种类

分类标准	货架种类
每层承重	轻型货架、中型货架、重型货架
货架高度	低位货架、中位货架、高位货架、高位自动化立体货架
结构特点	层式货架、层格式货架、托盘货架、驶入式（贯通式）货架、穿梭式货架、重力式货架、悬臂式货架、阁楼式货架等
可移动性	固定式货架、移动式货架、组合式货架、可调式货架
货架构造	组合可拆卸式货架、固定式货架

2. 仓库常用货架介绍

（1）层式货架。

层式货架由立柱、横梁和层板构成，如图 2-52 所示。按承重不同，层式货架分为轻型货架、中型货架和重型货架，其应用介绍如表 2-13 所示。

① 轻型货架（每层货架载重在 150kg 以下）。

② 中型货架（每层货架载重为 150kg～500kg）。

③ 重型货架（每层货架载重在 500kg 以上）。

图 2-52 | 层式货架

表 2-13　层式货架的应用

轻型货架的应用	适合储存轻型或小件货物，一般由人力直接进行存取作业，是人工作业仓库的主要存储设备
中型货架的应用	结实，承载力强，配合叉车使用，可储存大件、中型货物
重型货架的应用	坚固，承载力强，可根据存储单元集装设备的特性加装隔档、钢层板（木层板）、金属丝网层、仓储笼导轨、油桶架等，以满足不同集装单元货物的存储。既适用于多品种小批量货物，又适用于少品种、大批量货物，在高位仓库和超高位仓库中应用最多

在设计轻型货架和中型货架的布局时需注意以下问题。

① 货架宽度取决于货物存储容器的尺寸。

② 存储容器的形状与尺寸决定单排货架是否适合两边拣选，也决定了货架是单排放置还是背靠背放置。

③ 拣货车的外形尺寸、拣货流向是单向还是双向，共同决定了拣货通道的理论宽度。

④ 一般情况下货架要离墙面 1m 左右。

在设计重型货架布局时的注意事项如下。

① 货物通过托盘、仓储笼等单元集装设备整装后存入货架保管，每层通常放两个单元，每层堆放重量不得超过货架的最大承载量。

② 单元货架跨度一般在 4m 以内，深度在 1.5m 以内，高位仓库货架高度一般在 12m 以内，超高位仓库货架高度一般在 30m 以内。

③ 使用重型货架时应做到高层放轻货、底层放重货，避免头重脚轻。

④ 使用时应安装防护栏和护脚，使用叉车过程中要小心作业，防止对货架撞击。

（2）层格式货架。

层格式货架如图 2-53 所示。层格式货架主要用于存放规格复杂、多样，必须互相间隔开的货物，原则上每格放一种货物，以免混淆。层格式货架在电商仓库用得较多。

图 2-53 | 层格式货架

课堂活动

在欧莱雅化妆品区，粉底液以箱为单位存放在层格式货架上，包装单位为 32 件/箱，重量为 11.85 千克/箱，假设一排货架有 4 层，每层码 18 箱，请计算以下问题。

① 货架每层承重为多少千克？

② 一排货架存储量为多少箱？

③ 已知粉底液最高库存量为 270 箱，应设计几排货架存放粉底液？

（3）托盘货架。

托盘货架用以储存单元化托盘货物，是可以连同托盘放置的货架或带有托盘的台板式货架，如图 2-54 所示。

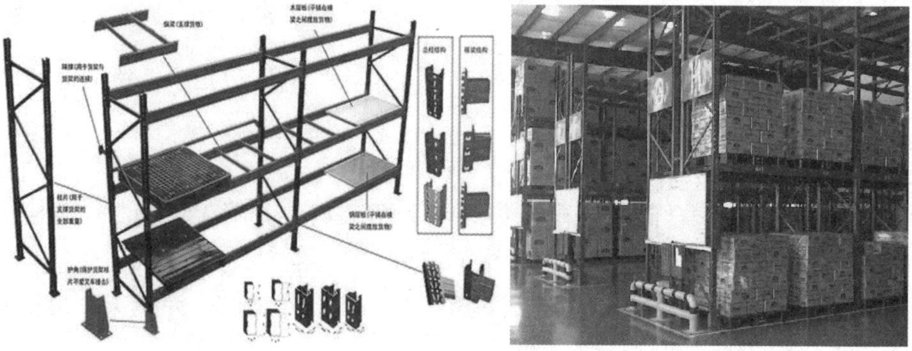

图 2-54 | 托盘货架

托盘货架可配合叉车使用，货物以托盘为单元进行存储，可提高存取效率。在设计托盘货架布局时需注意以下问题。

① 靠墙的单排货架离墙 0.3m 左右。

② 货架间通道宽度应依据叉车正常作业半径决定。

③ 货架存储区主通道的宽度大于叉车直角转弯半径。

④ 货架设计应与叉车、托盘统筹考虑，保证三者相互匹配。

⑤ 应利用护栏和护脚保护货架，避免叉车作业时撞坏货架。

课堂活动

在欧莱雅存储区，洗发露以托盘方式存储，已知包装单位为 16 件/箱，重量为 14 千克/箱，每层码 8 箱，每托盘码 5 层，假设货架每层可存放 5 个托盘，请计算以下问题。

① 每托盘码放箱数和每托盘质量最大为多少？

② 托盘货架每层载重应设计为多少？

（4）驶入式（贯通式）货架。

在驶入式货架中，存储托盘单元货物的货位与叉车的作业通道是合一的，如图 2-55 所示。驶入式货架节省叉车作业通道，存储密度高，

驶入式货架

适用于货物品种较单一、每次出库量较大的仓库,在面向经销商的成品仓库中应用较多。驶入式货架的缺点是只能用后进先出的方式取货物,不支持先进先出,叉车作业时容易碰撞货架,安全风险较大。

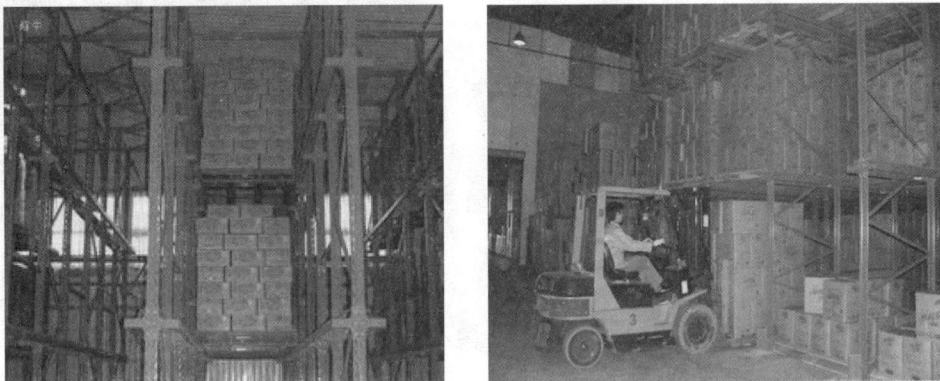

图 2-55 | 驶入式(贯通式)货架

(5)穿梭式货架。

穿梭式货架系统是由货架、穿梭车及叉车组成的高密度存储系统,如图 2-56 所示。穿梭式货架的特点:高密度存储,仓库空间利用率在 80%以上,相比驶入式货架,可减少货架与叉车的碰撞,工作效率和安全系数更高,作业方式灵活,货物的取出方式可以先进先出,也可以先进后出,适用于单品类批量大、品种相对单一的仓库。

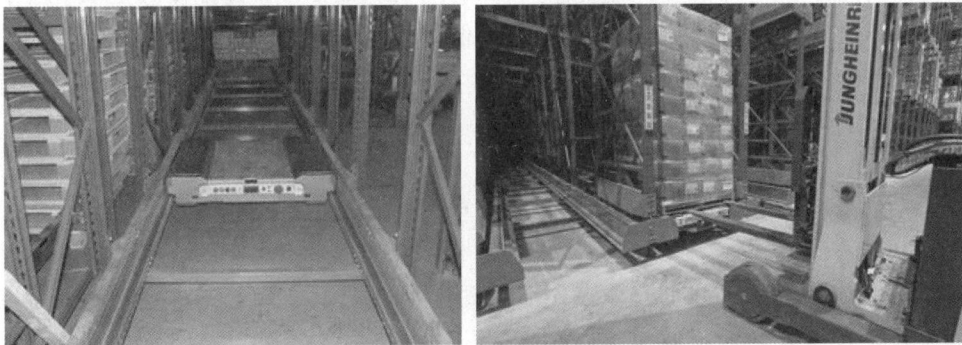

穿梭式货架

图 2-56 | 穿梭式货架

(6)重力式货架。

重力式货架又叫自重力货架,是由托盘货架演变而来的,货架横梁上安装滚筒式轨道,轨道呈 3°～5°倾斜,后高前低。使用叉车将托盘货物放到货架进货口,利用自重,托盘货物从进口自动滑行至另一端的取货口,能实现先进先出的存储方式。重力式货架如图 2-57 所示。

重力式货架

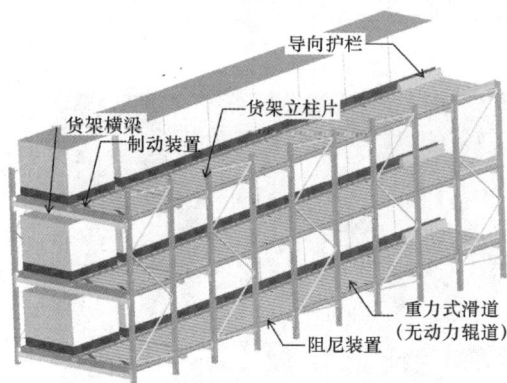

图 2-57 | 重力式货架

重力式货架中组与组之间没有作业通道，从而增加了 60%的空间利用率，货架的深度和层数可按需要确定。重力式货架适用于以托盘为载体、少品种大批量同类货物的存储。

使用重力式货架的注意事项如下。

① 货架总深度（即导轨长度）不宜过大，否则不可利用的上下"死角"会较大，影响空间利用；坡道过长，下滑的可控性会较差，可能出现下滑不畅、托盘货物倾翻等情况。

② 如果坡道较长，为使下滑流畅，应在中间加设阻尼装置，使托盘货物下滑至底端时不会因冲击力过大而倾翻，应在坡道最低处设缓冲装置和取货分隔装置。

③ 货架不宜过高，一般在 6m 以内，单托货物重量一般在 1 000kg 以内，否则其可靠性和可操作性会降低。

课堂活动

武汉仓储中心药品仓库存放从药厂生产线取来的成品药，面向区域经销商做 B2B 配送，货物以整托盘方式存储和配送，每次进出货量大，品种较单一，但有先进先出要求，请为该仓库选择一种高密度货架。

（7）悬臂式货架。

悬臂式货架是由在立柱上装设悬臂构成的存储设备。悬臂式货架适用于存放长条形物料、环形物料、板材、管材及不规则货物，货架的空间利用率较低，为 35%～50%。悬臂式货架如图 2-58 所示。

使用悬臂式货架的注意事项如下。

① 在人工存取方式下，货架高度通常在 2.5m 以内。

② 在叉车存取方式下，货架高度可达 6m（控制在 6m 以内），悬臂长度在 1.5m 以内，每臂载重通常在 1 000kg 以内。

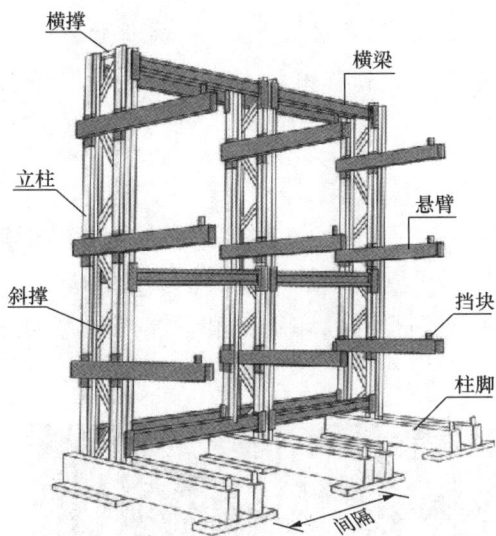

图 2-58 | 悬臂式货架

（8）阁楼式货架。

阁楼式货架是指在已有的工作场地或货架上建造一个中间阁楼，以增加存储空间的货架，如图 2-59 所示。

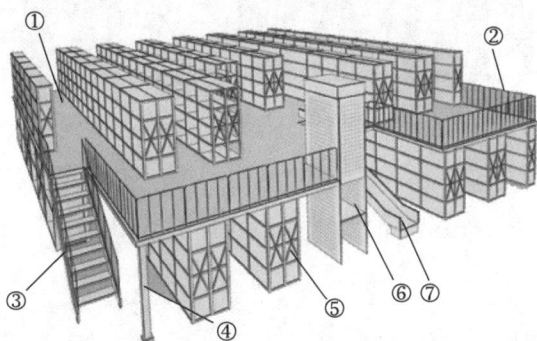

①楼板；②护栏；③楼梯；④立柱；⑤斜拉；⑥提升机；⑦滑道

图 2-59 | 阁楼式货架

使用阁楼式货架的注意事项如下。

① 用在库房较高、人工存取、货物为轻泡及中小件货物且存储量较大的场地。

② 根据实际场地和具体要求，可设计成单层或多层阁楼，一般为两三层。

③ 承载量每层在 500kg 以内。

④ 货物通常由叉车、液压升降台或货梯送至二三层，再由轻型小车或液压托盘车送至某一位置。

案例

湖南某物流配送中心药品仓库存储区天花板高度为 10m，拆零作业区只需要 5m 的高度。因此在仓库中设立两层阁楼式货架，一层用作出入库频率高的 A 类货物拆零作业，二层用作出入库频率较低的 B、C 类货物拆零作业，货物由动力输送线及箱式连续式垂直升降机在一层与二层之间传送。

（9）高位自动化立体货架

高位自动化立体货架用于自动化立体仓库（AS/RS）中，与有轨巷道堆垛机、连续输送系统、条码扫描识别系统、自动控制系统、计算机管理系统以及其他周边设备组成货物自动存取系统。高位自动化立体货架适用于医药、服装、印刷、出版等行业物流仓储，如图 2-60 所示。

图 2-60 | 高位自动化立体货架

3. 货架的选型

货架的选型要综合考虑所存储的货物特性、库房管理要求、出入库数量、搬运设备以及厂房结构等多种因素，如表 2-14 所示。

表 2-14 货架选型应考虑的因素

货物特性	货物的尺寸、外包装形态、货物的重量影响存储单位与货架强度的选择
库房管理要求	仓库存储密度、是否要求先进先出、拣货单位影响货架类型的选择
出入库数量	品种多少、批量大小影响货架类型的选择
搬运设备	选择货架时，应同时考虑搬运设备的匹配
厂房结构	库房有效高度、梁柱位置、地板承重强度、平整度、防火及照明设备等影响货架尺寸的选择

（二）托盘

1. 托盘的类型

托盘的种类如表 2-15 所示。

表 2-15　托盘的种类

按结构分	平托盘、箱式托盘、柱式托盘
按材质分	木托盘、塑料托盘、钢制托盘
按适用性分	通用托盘、专用托盘

下面介绍平托盘、箱式托盘、柱式托盘的应用。

（1）平托盘应用。

平托盘应用较为广泛，适用于集装箱装、袋装等包装形态的物料，如图 2-61 所示。

图 2-61 ｜ 平托盘

（2）箱式托盘应用。

箱式托盘适宜集纳小五金、小零件等，如图 2-62 所示。

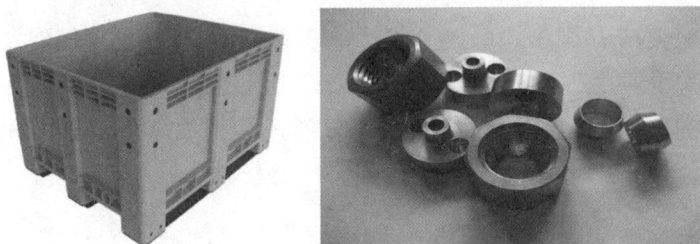

图 2-62 ｜ 箱式托盘

（3）柱式托盘应用。

柱式托盘也叫堆垛架，用于不适合使用固定货架的场合，如图 2-63 所示。

图 2-63 ｜ 柱式托盘

2．托盘的尺寸

托盘尺寸直接影响托盘与其他物流设备的协调配合性，应与货车车厢尺寸、叉车货叉尺寸、站台设施等匹配。国际上常用的托盘尺寸如表 2-16 所示。

表 2-16　托盘尺寸

托盘种类	托盘尺寸	应用地区
长方形托盘	1 200mm×800mm	欧洲
长方形托盘	1 200mm×1 000mm	加拿大、墨西哥、欧洲局部地区
正方形托盘	1 100mm×1 100mm	日本、韩国
正方形托盘	1 140mm×1 140mm	欧洲，以及亚洲日本、韩国
正方形托盘	1 067mm×1 067mm	澳大利亚

长方形托盘是根据欧洲 600mm×400mm 统一包装基准尺寸制定的，为欧洲各个国家所接受。但长方形托盘与海运集装箱内部宽度尺寸的国际标准（约 2 330mm）不匹配，1 200mm 系列托盘在集装箱内只能纵横交错堆放，不能最大限度地利用空间。

正方形托盘是美国、日本、韩国、澳大利亚等一些海运国家强烈要求的。

国家标准《联运通用平托盘主要尺寸及公差》（GB/T 2934—2007）公布了适用于公路、铁路和水路的联运通用平托盘尺寸：长方形托盘为 1 200mm×1 000mm，正方形托盘为 1 100mm×1 100mm。

课堂活动

已知定型喷雾剂集装箱单位为 36 件/箱，箱子尺寸为 380mm×278mm×174mm，托盘尺寸为 1 200mm×800mm，请问一托盘可以码放多少箱？托盘设计载重应为多少？

▌四、仓库分拣设备

（一）智能分拣设备

1．智能机械臂

机械臂主要应用于仓库的分拣、码垛、拆垛等环节，替代人工进行繁重、重复的工作。

智能机械臂是在传统机械臂基础上，通过 AI 视觉识别技术、运动规划算法、工业相机的赋能，能够识别不同颜色、不同包装、不同摆放姿态、不用光线环境中的海量 SKU，与移动机器人 AGV/AMR、连续输送机械、自动化立体库中的其他设备配合，实现无人化作业，如图 2-64 所示。

图 2-64 | 人工分拣作业

2. 智能穿梭车

穿梭车是自动化立体仓库的重要组成部分，是电商仓库高密度存储的重要设备之一。智能穿梭车可以配合叉车、堆垛机、穿梭母车运行，实现自动化立体仓库存取，如图 2-65 所示。智能穿梭车出入库可实现货物的先进先出（FIFO）和先进后出（LIFO）两种作业模式。

图 2-65 | 智能穿梭车

拓展学习

扫描二维码，回答什么是无人仓？无人仓硬件系统的构成和软件系统的构成？

无人仓

（二）自动分拣设备

自动分拣是指从货物进入分拣系统到货物被送到指定分配位置，都是按照相应的指令靠自动分拣装置完成的，其作业如图 2-66 所示。

图 2-66 | 自动分拣作业

1．自动分拣系统的组成

自动分拣系统一般由 5 个部分组成，即控制装置、分支装置、输送装置、分拣道口、缓冲站。

（1）控制装置。

控制装置的作用是识别、接收和处理分拣信号，根据分拣信号指示分支装置对货物进行自动分类，从而决定货物的流向。

（2）分支装置。

分支装置的作用是执行控制装置发来的分拣指令，改变货物在输送装置上的运行方向，使货物进入相应的分拣道口。

（3）输送装置。

输送装置的主要组成部分是连续输送机，其主要作用是将待分拣货物输送到控制装置、分支装置。在输送装置的两侧，一般要连接若干个分拣道口，使分好类的货物滑下主输送机（主传送带）以便进行后续作业。

（4）分拣道口。

分拣道口是将货物脱离输送装置（主输送机或主传送带）送进集货区域的通道。分拣道口一般由钢带、皮带、滚筒等组成滑道，货物从主输送装置滑向集货站台，然后由工作人员将该道口的所有货物集中进行入库上架作业或配货作业。

（5）缓冲站。

缓冲站是指在分拣位置临时存放货物的储存装置。

以上各部分装置通过计算机控制系统连接在一起，构成一个完整的自动分拣系统。

2．自动分拣系统的类型

自动分拣系统根据主输送线场地布局、输送装置、分支装置的不同，构成了各种类型的自动分拣系统。

（1）根据主输送线场地布局。

根据主输送线场地布局形式，自动分拣系统有直线形、L 形、环形布置。

（2）根据输送装置。

根据输送装置不同，自动分拣系统常用的装置有链式分拣机、钢带分拣机、胶带分拣机、辊道分拣机、悬挂式分拣机等。

（3）根据分支装置。

根据分支装置不同，自动分拣系统常用的装置有交叉带分拣机、滑块式分拣机、横向推出式分拣机、辊子浮出式分拣机、胶带浮出式分拣机、翻板式分拣机、摇臂式分拣机等。其中，应用较多的是交叉带分拣机和滑块式分拣机，在国外也出现了动力球分拣机、输送球分拣机、可扩展式分拣机等新型分拣装置。

① 交叉带分拣机。

交叉带分拣机的分支装置由多条短平带输送机（简称"小车"）并

快递自动分拣系统

联组成。当"小车"移动到规定的分拣位置时，转动皮带，把货物分拣送入分拣道口。因为主输送装置与"小车"上的带式输送机呈交叉状，故称为交叉带分拣机，如图 2-67 所示。

图 2-67 ｜ 交叉带分拣机

交叉带分拣机的特点如下。

- 噪声小，适宜于分拣箱装、袋装、扁平状等各类轻小件货物。
- 分拣出口多，可在左右两侧设置分拣出口。
- 分拣效率高，可达 15 000 件/时。
- 根据作业现场的具体情况，可设置为环形或直线形布局。

② 滑块式分拣机。

滑块式分拣机的主输送装置是一条板式输送机。板面由金属板条或管子组成，板面上有导向块在板间左右滑动，以进行货物分拣。平时导向块靠在输送机一侧，当被分拣的货物到达指定道口时，控制器使导向块依次向道口方向移动，把货物推入分拣道口。滑块式分拣机如图 2-68 所示。

图 2-68 ｜ 滑块式分拣机

滑块式分拣机的特点如下。

- 适应不同大小、重量、形状的货物分拣。
- 分拣时力量轻柔、准确。
- 导向块可向两侧滑动，在分拣机两侧设置分拣道口，能够节约场地。

滑块式分拣机

■ 分拣时所需货物间隙小，分拣效率高达 18 000 件/时。

③ 横向推出式分拣机。

横向推出式分拣机在主输送装置上装有若干横向推出装置，当货物输送到指定位置时，靠横向推出装置推挡货物进行分拣，如图 2-69 所示。

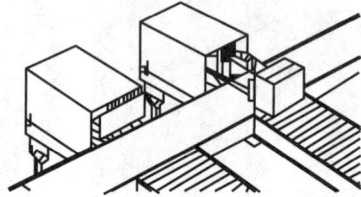

图 2-69 | 横向推出式分拣机

横向推出式分拣机的特点如下。

■ 分拣的货物不受纸箱、装袋、木箱等包装形式的限制，能用输送机运送的货物均可被分拣。

■ 分拣对货物有一定的冲击力，太薄、易碎的货物不适宜采用这种方式。

■ 分拣速度快，要求分拣道口间保持较大的间隔，可设置的分拣道口较少。

④ 辊子浮出式分拣机。

辊子浮出式分拣机的主传送装置为棍柱输送机，在对应的岔口入口处设置一排短辊子，平时这些短辊子与主辊道上表面持平，当需要改变货物运动方向时，可通过气动元件向两侧摆动，浮出主辊道上表面，利用辊子上浮增加摩擦力，带动货物转向，如图 2-70 所示。

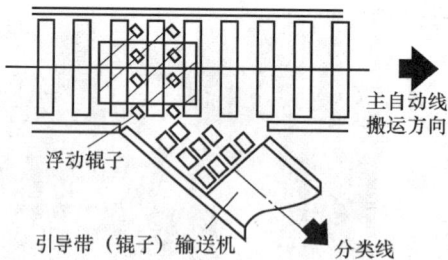

图 2-70 | 辊子浮出式分拣机

辊子浮出式分拣机的特点：对货物的冲击力小，适合分拣底面平坦的箱装、托盘、轮胎等货物，不适合分拣袋装等底面不平坦的货物。

⑤ 胶带浮出式分拣机。

胶带浮出式分拣机的主体是分段的胶带输送机，在传送带的下面，设置两排旋转的滚轮（每排由 8～10 个滚轮组成）或者单排滚轮（主要根据货物的重量决定是单排还是双排）。分拣机制：滚轮接收到分拣

信号后立即跳起，使两排滚轮的表面高出主传送带 10mm，并根据信号要求向某侧倾斜，使原来保持直线运动的货物立即转向，从而实现分拣。

胶带浮出式分拣机的特点：货物可在任何一面被顶出。其可设计成双层分拣机，吞吐量加倍。

⑥ 翻板式分拣机。

翻板式分拣机的传送部件由并列的窄状翻板组成，翻板的块数取决于被分拣货物的长度，翻板可向两侧倾翻。在分拣货物时，每一承载单元前后的翻板陆续倾翻，使长件货物能平稳地转向翻入分拣道口。翻板式分拣机如图 2-71 所示。

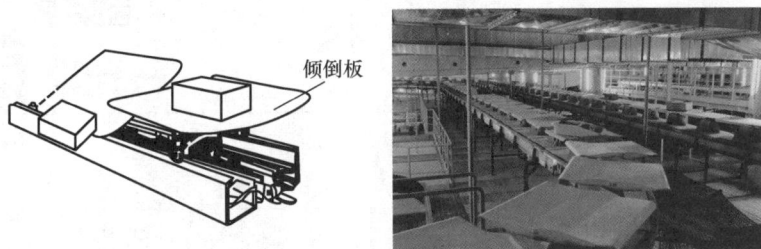

翻板式分拣机

可扩展移动式
分拣机

图 2-71 | 翻板式分拣机

翻板式分拣机的特点：布置灵活、耐用，易于保养，适于分拣底面不平整的软包装货物，如米袋等。

⑦ 摇臂式分拣机。

摇臂式分拣机是指被分拣的货物放置在钢带式或链板式输送机上，当到达分拣道口时，摇臂转动，货物沿摇臂杆斜面滑到指定的目的地的分拣机，如图 2-72 所示。

摇臂式分拣机的特点：结构简单，成本较低。

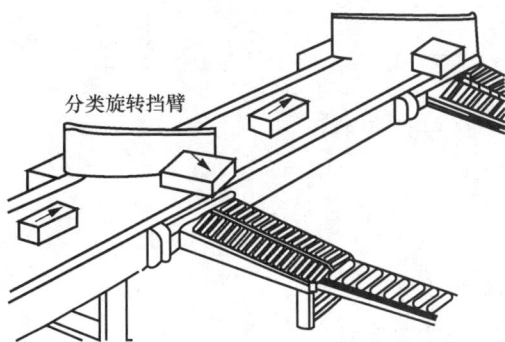

图 2-72 | 摇臂式分拣机

任务实施

第一步：学习相关设备知识。

第二步：为化妆品仓库选择储存设备。

第三步：为化妆品仓库选择拣货设备。

第四步：为出库区选择扫描、包装、称重等相应设备。

第五步：为快递分拣区选择分拣系统。

第六步：列出设备清单，注明类型。

第七步：请小组代表讲解设备选择方案，说明选择的依据。

拓展学习　请扫描二维码，学习拓展案例，回答问题。

二维码

课后实训

实训一　企业调研

选择本地一家物流企业进行调研，参观该企业的仓储场地，记录仓库或货场的相对位置。如果是封闭式仓库，观察仓库的建筑结构，记录出入库的位置和数量，库内有哪些功能区域以及相对位置，观察货物的存放形态，记录所使用的存储设备、装卸搬运设备和分拣设备等；如果是露天货场，记录货场有哪些功能区域，货物的存放位置。撰写调研报告，以小组为单位做 PPT 汇报。

要求如下。

（1）绘制该企业仓储区总平面布局图。

（2）指出每个仓库或货场的类型。

（3）分析库区的物流动线。

（4）写出使用的设备类型和特点，分析选择这些设备的原因。

实训二　图书馆调研

选择校内图书馆或市内公共图书馆，完成以下任务。

（1）绘制图书馆各楼层分布示意图，标出其主要功能区。

（2）选择图书馆阅览室、书库或其他某一层房间，绘制房间内的平面布局示意图，标出功能区域。

（3）说明书库内或阅览室内的书架是如何摆放的，属于哪种摆放方式（横列式、纵列式等）。

（4）观察书架编码，说出图书是按什么规则摆放的。

课后练习题

一、单选题

1. 货物的卸车地、验收地、存放地位置安排顺应仓储生产流程，使物料沿一个方向流动，这是仓储园区平面布置应遵循的（　　　）原则。

    A. 单一物流方向　　　　　　　　　　B. 避免迂回运输

    C. 提高仓储经济效益　　　　　　　　D. 减少装卸搬运次数

2. 下列既是起重设备，又是搬运设备的是（　　　）。

    A. 皮带输送机　　B. 悬挂输送机　　　C. 叉车　　　　　　D. 自动导引车

3. 下列不能实现先进先出的货架是（　　　）。

    A. 驶入式货架　　B. 重力式货架　　　C. 穿梭式货架　　　D. 托盘货架

4. 假设下述表格为某人面对的一个 3 层 4 列货架，假设货架编号为 1 号，请按照从左到右、从下到上的原则，对 "？" 所在的 3 个货位进行编号，分别是（　　　）。

？			
	？		
		？	

    A. 01-03-01、01-02-02、01-01-03　　B. 01-03-01、01-02-04、01-01-03

    C. 01-01-01、01-02-02、01-01-03　　D. 01-03-01、01-02-02、01-01-03

5. 下列属于仓库辅助生产区的是（　　　）。

    A. 铁路专用线　　B. 维修车间　　　C. 道路　　　　　　D. 码头

6. 翻板式分拣机布置灵活、耐用，易于保养，适用于分拣（　　　）货物。

    A. 散装　　　　　B. 箱装　　　　　C. 托盘　　　　　　D. 袋装

7. 利用地址编码法编号时，为防止出错，可在第一位数字后加上字母以分别代表库房、货场、货棚，（　　　）代表货场。

    A. K　　　　　　B. C　　　　　　　C. P　　　　　　　D. O

8. 叉车中应用较广泛的是（　　　）。

    A. 平衡重叉车　　B. 前移式叉车　　　C. 侧面式叉车　　　D. 插腿式叉车

9. 重型货架每层载重为（　　　）。

    A. 150kg 以下　　B. 200kg 以下　　　C. 200kg～500kg　D. 500kg 以上

10. 辊子浮出式分拣机对货物的冲击力小，但不适合分拣（　　　）货物。

    A. 箱装　　　　　B. 托盘　　　　　C. 袋装　　　　　　D. 轮胎

二、多选题

1. 下列属于仓储园区构成的有（　　　）。

    A. 生产作业区　　B. 辅助生产区　　　C. 储货区　　　　　D. 办公生活区

2. 平房建筑和楼房建筑各有优缺点，选择时应综合考虑（　　　）。

A. 占地成本　　　　B. 周转率　　　　C. 空间利用率　　　D. 作业方便性

3. 储货区是储存保管的场所，分为库房、货棚、货场等。货场主要用于（　　　）。

A. 存放货物　　　B. 货位的周转　　　C. 货位的调剂　　　D. 货物分拣

4. 下列属于杂货的有（　　　）。

A. 钢材　　　　　B. 油桶　　　　　C. 沙　　　　　　D. 瓷器

5. 下列说法正确的有（　　　）。

A. 在选择仓库建筑时，应尽量采用平房建筑，这样货物不必上下移动，便于作业管理

B. 仓库内的通道应延伸至每一个货位，使每一个货位都可以直接进行作业

C. 仓库内不必安装灭火器材，因为发生火灾的概率很小

D. 立柱虽然是出入库作业的障碍，但是它们起着支撑作用，所以应尽可能多

E. 使用机械化、自动化的仓库，对天花板的高度也有很高的要求

6. 货区的垂直式布局又可以分为（　　　）。

A. 横列式布局　　　　　　　　　　　B. 纵列式布局

C. 纵横式布局　　　　　　　　　　　D. 货垛倾斜式布局

E. 通道倾斜式布局

7. 大多数杂货的货位布置形式均采用分区、分类布置。存储货物在（　　　）的前提下，把堆场划分为若干保管区域，以便分类集中堆放。

A. 性能一致　　　B. 养护措施一致　　C. 消防方法一致　　D. 包装一致

8. 下列适合单元货物输送的设备有（　　　）。

A. 斗式提升机　　B. 辊道式输送机　　C. 链式输送机　　　D. 悬挂输送机

9. 下列适合散料输送的设备有（　　　）。

A. 斗式提升机　　B. 辊道式输送机　　C. 悬挂输送机　　　D. 皮带输送机

10. 下列属于我国托盘国家标准规格的有（　　　）。

A. 1 200mm×1 000mm　　　　　　B. 1 200mm×800mm

C. 1 219mm×1 016mm　　　　　　D. 1 100mm×1 100mm

三、简答题

1. 简述仓储园区平面布置应遵循的原则。

2. 对比平房建筑和楼房建筑的特点。

3. 简述常见的仓库布局动线及特点。

项目三
货物入库作业

1. 知识目标

（1）掌握入库准备内容和工作方法、入库验收要求和工作方法。

（2）掌握入库交接要求和工作方法、堆码上架知识和工作方法。

2. 能力目标

（1）能分析入库货物特点，并做好入库准备；能用合理方法进行入库验收。

（2）能办理入库交接，能用不同方法对货物进行堆码。

仓储作业过程包括收货入库，储存、保管，备货出库3个阶段，如图3-1所示。入库作业是仓储作业的第一步，入库作业的优劣会直接影响后续在库保管作业和出库作业能否高效、顺利地进行，可以说入库环节是开展仓储管理的关键环节，我们必须高度重视。

图 3-1｜仓储作业过程

货物入库作业通常经过入库准备、接运货物、验收货物、办理入库手续、堆码上架等阶段才能完成，如图3-2所示。为了提高作业效率和作业质量，仓储管理人员需要对入库作业活动进行统一的计划、组织、控制和协调。

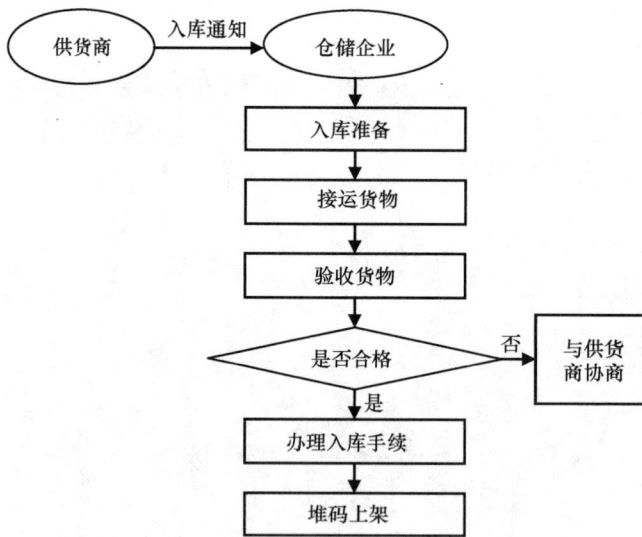

图 3-2｜货物入库作业流程

入库作业概述

任务一　入库准备

任务引入

武汉仓储中心接到欧莱雅供货商入库通知，如表3-1所示。请根据入库通知，做好入库准备工作。

表 3-1　入库通知单

序号	货物名称	数量	包装规格	重量	到达时间	送货车辆	送货司机
1	粉底液	70 箱	32 件/箱	11.85 千克/箱	8:30	粤 A11068	张先生
2	洗发露	120 箱	16 件/箱	14 千克/箱	8:30	粤 A11068	张先生
3	洁肤乳	108 箱	12 件/箱	7.89 千克/箱	8:30	粤 A11068	张先生
4	滋润乳霜	140 箱	6 件/箱	4.85 千克/箱	8:30	粤 A11068	张先生
5	紧肤水	90 箱	6 件/箱	11.8 千克/箱	8:30	粤 A11068	张先生
6	修护眼霜	100 箱	36 件/箱	6.68 千克/箱	8:30	粤 A11068	张先生
7	蜜露香皂	60 箱	24 件/箱	12.32 千克/箱	8:30	粤 A11068	张先生
8	沐浴露	64 箱	12 件/箱	16 千克/箱	8:30	粤 A11068	张先生
9	唇笔	120 箱	288 件/箱	2.25 千克/箱	8:30	粤 A11068	张先生
10	唇膏绯红	78 箱	288 件/箱	5.77 千克/箱	8:30	粤 A11068	张先生
11	唇膏魅紫	78 箱	288 件/箱	5.77 千克/箱	8:30	粤 A11068	张先生
12	粉饼象牙色	45 箱	240 件/箱	11.23 千克/箱	8:30	粤 A11068	张先生
13	粉饼瓷白色	45 箱	240 件/箱	11.23 千克/箱	8:30	粤 A11068	张先生
14	粉饼绯红色	45 箱	240 件/箱	11.23 千克/箱	8:30	粤 A11068	张先生
15	定型喷雾剂	96 箱	36 件/箱	38.28 千克/箱	13:30	粤 A11068	张先生

任务分析

要完成上述任务，需要了解入库准备的工作内容，掌握做好入库准备工作的方法。

相关知识

一、入库准备工作内容

入库准备工作就是根据入库通知，制订货物存储计划、准备作业人员和器具、整理存储货位，如图 3-3 所示，这样才能保证货物到达之后，快速、高效完成入库作业。

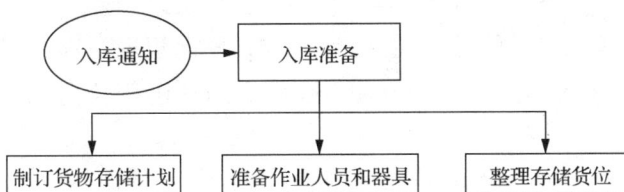

图 3-3　入库准备工作

（一）制订存储计划

制订存储计划需要从以下几个方面着手。

1. 分析入库货物

分析入库货物，即掌握入库货物的品种、规格、数量、包装形态、单件体积、到库时间、存期、理化特性、保管要求等，掌握这些信息是做好入库准备工作的前提和基础。

入库准备——制订
存储计划

2. 制订存储方案

制订存储方案是根据入库货物的品种、数量、特性、保管条件的要求、存期等，选择最适宜的库房，并安排存储货位。

理想的货位安排既要提高仓储空间的利用率，又要方便保管和拣选作业，但这两个目标通常是相互矛盾的。为了提高仓储空间的利用率，往往会牺牲一些日常作业的方便性。仓储管理人员应根据具体情况，灵活选择货位的使用方式和分配原则。

（1）常用的货位使用方式。

常用的货位使用方式有固定货位存放方式、随机货位存放方式、分区存放方式。

① 固定货位存放方式。每个货物都有相应的固定位置，其他货物不能占用。但在实际中，有些固定货位存放方式允许两种或者更多的货物共用一个位置，其他货物不能占用。

优点：每种货物都有固定的存储位置，便于查找物料所在位置，可提高拣选效率，便于实现先进先出和批号管理，允许相似的货物被归类放置在最合适区域。

缺点：导致蜂窝仓储，储存空间利用率低，规划货位时要按峰值货量计算。

② 随机货位存放方式。货物可随机放在任何空闲的位置上，不分类、分区。

优点：由于货位可共用，储存空间的利用率较高。

缺点：出入库管理及盘点工作的难度较大；周转率高的货物可能被存储在距离出入口较远的位置，增加了出入库的搬运距离；具有相互影响特性的货物可能被相邻存储，造成货物的损害或发生危险。

这种方式适用于库房空间有限，存储的货物种类少、体积较大、容易识别，需尽量利用存储空间的场合。

③ 分区存放方式。将所有货物按照其某种属性或特性加以分类，每一类货物都有固定存放的区域，同属一类的不同货物按一定的原则指派货位，不属同一类的货物不能存放在同一区中。

优点：允许库存货物根据不同特性隔离存放，分批管理。货物被指定在某个区域里存放，但不指定特定位置，查找比较方便，仓储空间利用率较高，是仓库目前采用最多的一种存储方式。

缺点：不是总能满足高效率的货物处理要求，在有些情况下，可能增加管理复杂性，也可能导致蜂窝仓储，需要及时更新库存变化信息。

课堂活动

管理员小刘接到入库通知以后，对表 3-1 所示的入库货物进行了分析，结论见表 3-2，仓库分区情况如图 3-4 所示，请为这些货物分配存储区域。

表 3-2　入库货物存储特性

序号	货物名称	入库数量	存储单元	存储单元	保管要求
1	粉底液	70 箱	箱	每层码 18 箱	常温
2	洗发露	120 箱	托盘	每托码 40 箱	常温
3	洁肤乳	108 箱	托盘	每托码 54 箱	常温
4	滋润乳霜	140 箱	托盘	每托码 70 箱	常温
5	紧肤水	90 箱	托盘	每托码 45 箱	易燃液体，闪点低于 60℃，运输温度低于 41℃
6	修护眼霜	100 箱	托盘	每托码 50 箱	常温
7	蜜露香皂	60 箱	托盘	每托码 30 箱	常温
8	沐浴露	64 箱	托盘	每托码 32 箱	常温
9	唇笔	120 箱	托盘	每托码 120 箱	常温
10	唇膏绯红	78 箱	托盘	每托码 78 箱	常温
11	唇膏魅紫	78 箱	托盘	每托码 78 箱	常温
12	粉饼象牙色	45 箱	托盘	每托码 45 箱	常温
13	粉饼瓷白色	45 箱	托盘	每托码 45 箱	常温
14	粉饼绯红色	45 箱	托盘	每托码 45 箱	常温
15	定型喷雾剂	96 箱	托盘	每托码 8 箱	易燃危险品，不可在 0℃ 以下储存，运输温度低于 32℃

图 3-4｜欧莱雅存储区分区情况

（2）货位的分配原则。

货位分配的基本原则是将货物按某种特性聚类后分区存放，常见的货位分配原则如下。

① 基于周转频率分配货位。将货物按周转频率由高到低进行排序，再将排序分为若干段，同一段货物视作同一类别，为不同类别的货物分配货位。

例如，按周转频率将货物分为 A、B、C 3 类，其中 A 类是流动速度最快的货物，B 类是流动速度较快的货物，C 类是流动速度较慢的货物。通过分类，将周转快的 A 类货物放到离出库口近的位置或便于搬运的位置。

② 基于货物相似性分配货位。这种方法是按某种相似的特点将货物分类，如小配件与小配件分为一类，小饰品与小饰品分为一类，作业手段相似的货物分为一类等，然后将具有相似性的货物放在相邻货位，如图 3-5 所示。

图 3-5｜基于货物相似性分配货位

优点：可使用相同的存储设备和拣货设备，便于分区存储方式。

缺点：非常相似的货物，如电子零件，液晶屏、包装相同的手机等，其型号不同但包装外观相同，容易导致拣错货。

例如，将小配件和小配件等货物分为一类，均使用周转箱作为盛放容器。将周转箱放置到货架上，在货架横梁上贴上信息标签，便于人工在周转箱内拣选零散货物；也可将周转箱放在托盘上，便于成托地单元化运输和存储。

③ 基于货物相关性分配货位。将关联性较强的货物放在相邻货位。例如，经常捆绑销售的货物分为一组相邻存放，经常一起使用的货物分为一组相邻存放。

优点：便于拣货单的合并，缩短拣货行走距离，提高拣货效率。

课堂活动

说出化妆品大类中，哪些货物会经常捆绑销售，家居用品大类中，哪些货物会经常捆绑销售，安排储位时应如何考虑。

④ 按先进先出要求分配货位。按生产日期、货物批号等分配货位，容易满足先进先出要求。

⑤ 按照体积大小分配货位。考虑货物单件体积大小以及相同的一批货物所自然形成的整体形状，以便能提供合适的空间满足某一特定要求。

⑥ 按照重量特性分配货位。按照货物重量决定货物存放位置，一般情况下，较重的货物摆放在地面或货架下层，较轻的货物放置于货架上层。

⑦ 按照货物相容性原则分配货位。性质相容的货物放在相邻位置，性质不相容的

货物不能比邻存放。

⑧ 按照互补性原则分配货位。替代性高的货物放在相邻位置，缺货时可以用另一种货物替代。

课堂活动

根据历史统计数据，部分欧莱雅化妆品在过去一段时间的平均出库量和平均库存量如表 3-3 所示。相关要求如下：（1）按周转频率将货物进行分类；（2）根据表 3-2 所示的入库数量和码盘标准，计算货物所需货位的数量；（3）基于周转频率，为货物分配货位。

表 3-3　平均出库量和平均库存量统计情况

序号	货物名称	平均出库量	平均库存量
1	唇膏魅紫	60 箱	83 箱
2	洁肤乳	1 100 箱	40 箱
3	粉饼瓷白色	40 箱	40 箱
4	蜜露香皂	300 箱	41 箱
5	沐浴露	195 箱	28 箱
6	洗发露	1 500 箱	40 箱
7	唇笔	100 箱	33 箱
8	唇膏绯红	80 箱	48 箱
9	滋润乳霜	980 箱	65 箱
10	粉饼象牙色	50 箱	40 箱
11	修护眼霜	430 箱	38 箱
12	粉饼绯红色	35 箱	40 箱

托盘货架区有 6 组托盘货架，每组 2 排，每排每层放 5 个托盘，共 4 层，以纵列式摆放，如图 3-6 所示。

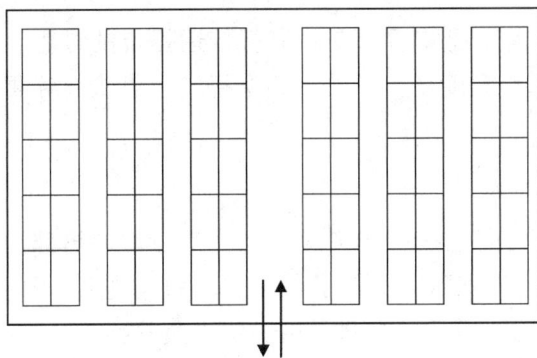

图 3-6 | 托盘货架区

（二）准备作业人员和器具

1．准备作业人员

根据入库货物到达时间、作业量，做好接货人员安排，并将安排计划通知到相关小组，一般需要安排接运人员、卸车搬运人员、货物验收人员、信息管理人员、库内管理人员。

入库准备——准备作业人员和器具

2．准备装卸搬运工具

根据入库货物的数量、单件重量、包装形态等，准备装卸搬运工具，常用的装卸搬运工具包括叉车、搬运小车等。如果入库货物的单件重量（包装单元重量）和体积较大，则需要使用电动叉车装卸搬运，如果体积适中、重量适中，可以选择液压托盘搬运车或人力小推车搬运。

3．准备苫垫材料

根据货物性质和存储要求，准备相应的苫垫材料，并组织衬垫铺设作业。

4．准备入库单证

入库单证是货物入库需要的各种报表、单式、账簿、料卡、残损报告单等，要事先准备好，以便及时使用。

课堂活动

请根据表 3-1 和表 3-2 中的货物数量信息和存储特性信息，确定需要准备哪些装卸搬运工具，制作所需的装卸搬运工具清单。

（三）整理存储货位

根据存储计划，对准备存放入库货物的货位进行整理。检查货架，如发现货架损坏，通知修理或重新安排；清洁货位卫生，必要时消毒除虫；检查照明、通风等设备，发现损坏应及时通知修理。

▌二、接运货物

接运是指接到货物入库通知后，仓库进行接运提货的过程。货物接运大致有 4 种方式：本库接货，车站、码头提货，供货仓库提货，铁路专用线接货。

货物接运的 4 种方式

（一）本库接货

本库接货发生在供货商直接送货到库或委托第三方运输部门送货到库。货物到库后，由仓库保管人员或验收人员直接与送货人员办理交接手续，当面验收并做好记录。若有差错，应填写记录，由送货人员签字确认，据此向有关单位提出退换货或索赔要求。

（二）车站、码头提货

车站、码头提货发生在通过第三方运输部门将货物运到仓库所在地车站、码头后，仓库安排人员和车辆到车站、码头提货，适用于到货批量较小、采用零担托运的情况。

仓库提货人员到车站、码头提货前，应事先对所提取的货物有所了解，掌握货物的品名、型号、特性、装卸搬运注意事项等。提货时，仓库提货人员应根据运单及有关资料详细核对货物，并观察货物外包装封印是否完好，有无沾污、受潮、水浸、油渍等异状。若有疑点或不符，其应当场要求运输部门检查确认。在向仓库运输货物的过程中，提货人员要做到不混不乱，避免碰坏损失。货物到库后，提货人员应与仓库管理人员密切配合，做好交接验收工作。

案例

2013 年 9 月 10 日 11 时 50 分，广州市白云区同德街增宝仓库发生一起爆炸事故，消防部门初步确认为装载危险品集装箱车在卸货时发生爆炸。爆炸物为 8 发塑料圆盘"击发帽"，事故共造成 8 人死亡，36 人受伤，直接经济损失约 2 190 万元。击发帽为儿童玩具枪的配件，含有氯酸钾和赤磷，是一种敏感度很高的炸响剂。

调查显示，接货人员是在我国做生意的艾德，其将击发帽储存在白云区同德街增宝仓库 907 货仓，谎称为成品鞋。搬运工人不知道货物为击发帽，在搬运过程中，击发帽产生撞击、摩擦而爆炸。艾德以蓄意欺瞒的手段，非法储存、运输击发帽，并试图逃避海关监管的行为，是导致爆炸事件发生的主要原因。

（三）供货仓库提货

供货仓库提货即仓库派人员和车辆到供货商仓库提货。仓库应根据提货通知，了解所提取货物的性能、规格、数量，准备好提货所需要的车辆、工具、人员，在供货商仓库进行货物验收，并做好验收记录，接货与验收工作同时进行。

（四）铁路专用线接货

铁路专用线接货发生在仓库有铁路专用线的情况下。铁路专用线是指由企业或者其他单位管理的与国家铁路或者其他铁路线路接轨的岔线，如图 3-7 所示。铁路专用线接货就是铁路部门将转运的货物直接送到仓库内部铁路专用线的接货方式。

图 3-7 | 铁路专用线

接货作业注意事项如下。

① 接到到货通知后，应立即确定卸货货位，力求缩短场内搬运距离；组织好卸车所需要的机械、人员及有关资料，做好卸车准备。

② 车皮到达后，引导对位，进行检查。查看车皮封闭情况是否良好（即卡车、车窗、铅封、苫布等有无异状），根据运单和有关资料核对货物名称、规格、标志和件数；检查包装是否损坏或有无散包；检查是否出现进水、受潮或其他损坏现象。在检查中，若发现异常情况，应请铁路部门派员复查，做出普通或商务记录，记录内容应与实际情况相符，以便交涉。

③ 卸车时要注意为货物验收和入库保管提供便利条件，分清车号、品名、规格，不混不乱；保证包装完好，不碰坏，不压伤，更不得自行打开包装；应根据货物的性质合理堆放，以免混淆。卸车后应在货物上标明车号和卸车日期。

④ 编制卸车记录，记明卸车货位规格、数量，连同有关证件和资料，尽快向保管人员交代清楚，办好内部交接手续。

任务实施

第一步：分析入库通知单中的货物，总结其存储特性。

第二步：根据存储特性和数量，制订存储计划。

第三步：列出需要使用的装卸搬运工具。

第四步：安排需要的作业人员。

任务二　验收货物

任务引入

假设上午8点30分，送货车辆准时到达仓库，请你完成以下任务。

（1）入库验收，对入库货物进行数量检验和外包装检验。

（2）填写检验报告单。

任务分析

入库作业时，常出现实物与入库通知不符、入库货物质量存在问题或入库货物的单证不全等情况。为了及时发现问题，界定责任，保护仓库的利益，有必要进行入库货物验收。这就需要熟练掌握入库验收的方法，高效地完成验收任务。

相关知识

供应商发来的货物可能存在数量或质量方面的差错，货物经历长途运输和装卸搬运，也可能发生数量或质量方面的问题，因而，货物必须经过验收才能入库。验收是保证仓库保管质量的第一道关口，是仓储作业过程中必须做的交接工作。仓库通过验收货物，可以保护自己的经济利益，而验收记录是仓库提出退货、换货和索赔的依据。

一、验收工作的要求

（一）及时

及时是指到库货物必须在规定的期限内完成验收工作。只有及时验收，才能保证货物尽快入库，满足用货单位需要，加快货物和资金周转速度。同时，及时检验有利于保证在规定的期限内对不合格货物提出退换货或索赔要求。

（二）准确

验收的各项数据或检验报告必须准确无误。验收的目的是弄清货物在数量和质量方面的实际情况。若验收不准确，不仅会失去验收的意义，而且会造成错误的判断，引起保管工作的混乱。

（三）严格

验收是没有商量余地的，验收人员必须严格执行验收标准和货物质量标准，货物不合格就不能入库，要对验收发现的问题严格记录，一旦发现货物包装不完整或者有破痕，就要放到不合格区域，暂时不入库。

（四）经济

要合理安排验收工作，尽量节省作业费用，保护原包装，减少或避免破坏性试验。

二、验收作业流程

验收作业流程如图 3-8 所示。

（一）验收准备

接到入库通知后，应根据货物的性质和包装形态，提前准备验收所需的点数、称量、测试、开箱、装箱、丈量、移动照明、验收使用的各种用品用具，并根据验收工作量安排验收人员和验收场地。验收作业用具如图 3-9 所示。

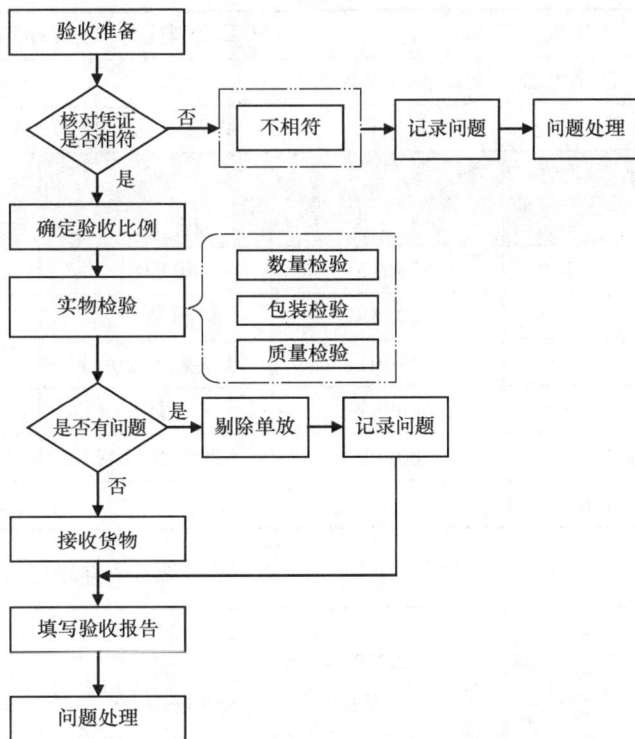

图 3-8 | 验收作业流程

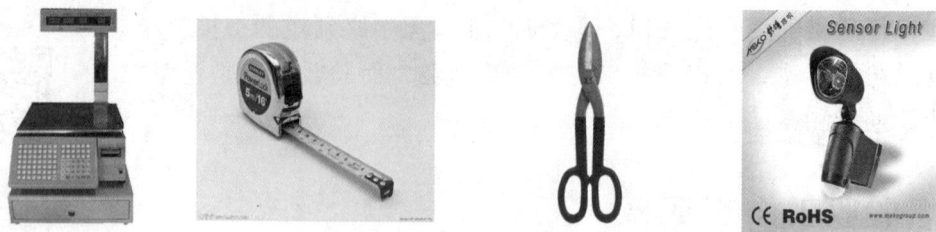

图 3-9 ┃ 验收作业用具

（二）核对凭证

入库货物主要涉及 3 类凭证。

1. 货主提供的入库通知单或订货合同副本

入库通知单是仓库接收货物的凭证，如表 3-1 所示。

2. 供货单位提供的货物资料

供货单位提供的货物资料包括材质证明书、发货明细表、装箱单等。

3. 承运单位提供的货物运单、货运记录等

承运单位提供的货物运单、货运记录等无统一格式，由使用单位制作，能够表达有关信息即可，下面给出几种单据样本以供参考，如表 3-4、表 3-5 和表 3-6 所示。

表 3-4　发货明细

收货人：王军		联系电话：1597863××××		
送货地址：河南省×××××				送货时间：
办理人：刘伟		联系电话：1597863××××		
发货明细				
序号	货物编号	货物名称	订购数量（件）	发货数量（件）
1	29613	蛋白粉	2	2
2	40258	眼部精华霜	3	3
3	29601	维生素 C 200 片	5	5
4	80997	背包	4	4
5	80999	促销大礼包	1	1
总箱数：2		备货人：杨明	复核人：张丽	

表 3-5　装箱单样式

箱型：L		箱号：C3509259362001010711		
装箱明细				
序号	货物编号	货物名称	订购数量（件）	发货数量（件）
1	29613	蛋白粉	2	2

装箱明细				
序号	货物编号	货物名称	订购数量（件）	发货数量（件）
2	40258	眼部精华霜	3	3
3	29601	维生素 C 200 片	5	5

办理人：刘伟　　　　　联系电话：1597863××××

表 3-6　货物运单样式

物流货物运单

日期：202×年　月　日

发货单位			电话		
收货人		地址		电话	
货物名称规格	件数	货款	付款方式	运费	货运总计

货款金额（大写）　　　　万　　　　仟　　　　佰　　　　拾　　　　元￥

银行账号：

特约事项：1. 托运货物时，应保价声明价格，未保价声明货物价格的，按平均每件货物运费的两倍确定货物价格。2. 货物包装应牢固、完好，交接货物时以外包装完好为准，因内包装缺陷变质、破损而造成货损由托运人负责。3. 托运人应严格谨守国家规定，所托货物严禁夹带危险、禁运货物，如因此造成的损失和责任，承运方概不负责。货物送达地址不清、不完整、不准确导致收货人收不到货物的，承运人不承担责任。4. 托运方托运货物，要代收货款时，应与收货人约定支付货款予承运人；收货人未支付货款的，应与托货人协商解决；协商不成导致未收到货款，托运方应承担来回运程的托运费用相关的资费。5. 托运方托运货物时，因货物质量及商业协定而出现的任何问题，承运人不承担相关责任。6. 对于易损、易碎、易漏、玻璃制品和无包装或包装不合格的货物，在承运过程中发生的遗失由承运人承担责任，损坏则由托运人或收货人自负。7. 收货人提货必须凭运单提货联或收货人的有效证明提货，否则承运人有权拒付。8. 托运或收货人查询索赔应在发货之日起 30 日内书面提出，超过则视为放弃权利。9. 查询货物自托运货物之日起 1 个月内进行，否则视为货物已支付收货人。10. 收货方在验收提取货物当日算起，如货物无质量问题，7~15 日内代收货款方必须结清货款。11. 本协议未尽事项，按照《中华人民共和国民法典》和《汽车货物运输规则》的有关规定执行。如发生纠纷，由货物始发地法院管辖

第一联：存根（白）　第二联：托运人（红）　第三联：客户（黄）

地址：文峰路×××号　　　　联系电话：1500706××××　　　经办人签字：

（三）确定验收比例

确定验收比例时，若是实物检验，可采用全验和抽验两种方式，如表 3-7 所示。

表 3-7　验收比例

序号	验收比例	说明
1	全验	100% 的货物参加检验
2	抽验	按一定比例抽取部分货物进行检验

全验适合于批量小、规格尺寸和包装不整齐、价值高的货物，退换货货物，以及易霉变、残损的货物。

抽验适合于批量大、价值低，质量稳定、规格整齐、供货商信誉较好的货物，以及验收条件有限的场合。

（四）实物检验

实物检验是指根据入库单和有关技术资料对实物进行数量检验、外包装检验和质量检验。其一般分为大数点收和细数检验两步，如图 3-10 所示。

第一步：大数点收。大数点收是对大包装数量进行验收，同时进行外包装外观检查，通常与卸货同时进行。

第二步：细数检验。细数检验是对大包装内的内件进行数量检验和质量检验。

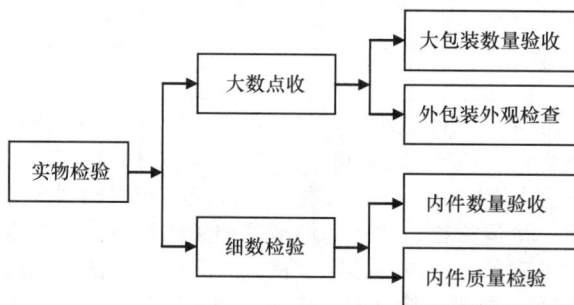

图 3-10 ｜ 实物检验内容

入库验收

1. 数量检验方法

因货物的性质和包装不同，数量检验有 3 种方式，即计件、检斤、检尺，如表 3-8 所示。

表 3-8　数量检验方法

序号	数量检验方式	检验方法
1	计件	对按件数供货或以件数为计量单位的货物，在数量检验时清点件数
2	检斤	对按重量供货或以重量为计量单位的货物，在数量检验时进行称重，如金属材料、煤炭、硫黄和某些化工货物等
3	检尺	对以体积为计量单位的货物，在数量检验时采用先丈量尺寸，后求体积的方法，如木材、竹材、砂石等

对于不同货物，数量检验采用的比例如下。

① 对于大包装数量检验，100%点数。

② 对于内件数量检验，按固定数量进行包装的小件货物，若包装完好，属于国内货物，可按一定比例抽验，如按 5%～15%比例拆箱查验件数，其余查看外包装是否完好即可；若是贵重货物，可增大抽验比例或全部开箱检验；对于进口货物，则按合同或惯例进行检验。

③ 散装货物 100%检斤，有包装的散料毛检斤率为 100%，回皮率为 5%～10%。

④ 定尺钢材检尺率为 10%～20%，非定尺钢材检尺率为 100%。

⑤ 贵金属材料 100%过净重。

⑥ 有标量或者标准定量的化工货物，按标量计算，核定总重量。

案例

某物流公司数量检验策略

当入库货物为好丽友派蛋糕时，由于它是固定数量包装，包装规格为 12 包/箱，入库查验时，按 5%比例开箱抽验是否是 12 包/箱，其余查看外包装是否完好，点箱数即可。

当贵重货物入库时，则增大抽验比例或全部开箱检验。例如当手机入库时，手机整机包装规格为 12 部/箱，应逐箱开箱检验手机数量是否为 12 部。

2．外包装检验方法

一般情况下的外包装检验，主要检查外包装是否有破损、变形、污渍、水湿、发霉等情况。外包装异常如图 3-11 所示。当贸易合同对外包装有具体规定时，要按照合同规定进行验收，如包装容器的材质、厚度、质量等。

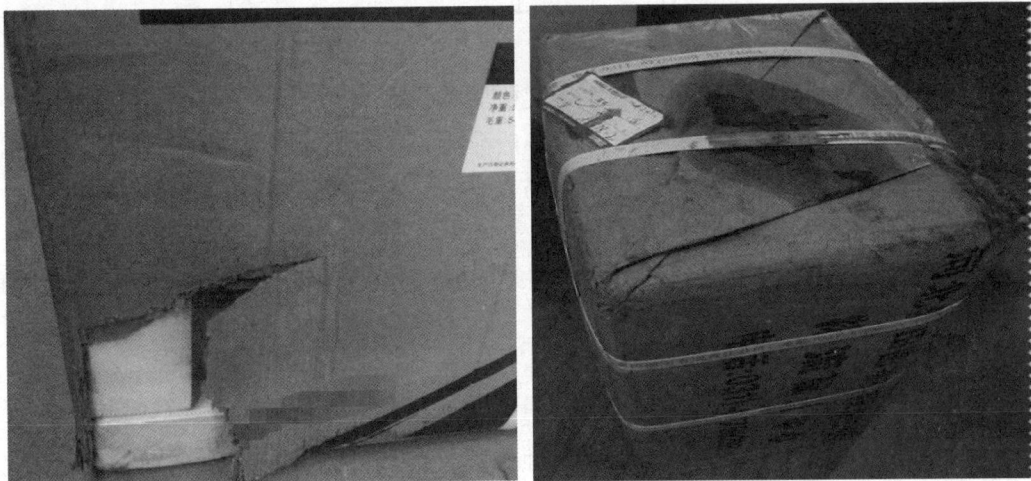

图 3-11 | 外包装异常

常见的外包装异常及原因如下。

① 外包装有人为挖洞、撬起、开封，通常是被盗的痕迹。

② 外包装有水湿、发霉，通常是被雨淋或者货物本身有渗透、潮解的现象。

③ 包装有污渍，通常是在运输或存储过程中，有货物破损导致相互污染，或由货物本身破损所致。

④ 包装破损、开裂，通常是在运输、搬运过程中，包装受损所致。

外包装检验主要通过用眼睛看、用手摸等方法进行检验。检验比率为 100%货物参验，通常在卸货的同时进行查验。

完成数量检验和外包装检验之后，可以填写数量和外包装检查记录单，如表 3-9 所示，将数量和外包装问题填写在备注栏中。

表 3-9　数量和外包装检查记录单

供货商				采购合同			
运单号			发运日期			到货日期	
验收员		验收日期			复核员		
序号	货物名称	货物编码	规格型号	包装单位	应收数量	实收数量	备注

3．质量检验方法

质量检验包括外观质量检验、尺寸精度检验和内在质量检验。仓库一般只进行外观质量检验和尺寸精度检验；内在质量检验一般分为性能检验和成分检验，由专业技术检验单位进行。这里仅介绍前两种质量检验方法。

（1）外观质量检验方法。

外观质量检验方法主要采用感官检验法，即通过人的感官检验货物的外形或装饰有无缺陷。

例如，检查液晶显示屏有无划痕，查看货物外观有无撞击痕迹、变形或裂纹等，检查货物是否被雨、雪、油等污染，有无潮湿、霉腐、生虫等问题。

对于外观有严重缺陷的货物，其要单独存放，等待处理。凡经过外观检验的货物，都应填写外观质量检验单，如表 3-10 所示。

表 3-10　外观质量检验单

序号	货物名称	抽验比例	检验标准				实测情况	检验结果
			无划痕	无变形	无开胶	无破碎		
1	童鞋	5%	√	√	√			
2	液晶显示屏	100%	√			√		

（2）尺寸精度检验方法。

进行尺寸精度检验的货物主要是金属型材、部分机电货物和少数建筑材料。不同型材的尺寸检验各有特点，如椭圆材主要检验直径和圆度，管材主要检验壁厚和内径，板材主要检验厚度及其均匀度。尺寸精度检验一般采用抽验的方法进行。

对于不同货物，质量检验的比例如下。

① 贵重货物、仪器仪表外观质量按 100% 比例检验。

② 供应商信誉好、质量稳定、新出厂或价值不高的货物，可按一定比例抽验。

③ 带包装的金属材料，可按 5%～10% 比例抽验；无包装的金属材料全部目测查验。

④ 易霉变、受潮、受污染、受虫蛀货物或受机械性损伤的货物，按 5%～10% 比例检验。

⑤ 进口货物质量按 100% 比例检验。

⑥ 入库量在 10 台以内的机电设备，100% 检验，100 台以内，检验率不低于 10%；运输、起重设备 100% 检验。

【课堂活动】

说出表 3-11 中的货物需要进行哪种入库检验，在需要的地方打√，并写出检验比例。

表 3-11　货物明细

名称	包装规格	计件	检斤	检尺	外观质量检验	是否开箱查验	抽验比例
计算机	1 台/箱						
液晶显示屏	6 块/箱						
皮鞋	12 双/箱						
陶瓷碗	6 只/箱						
铝锭	无包装						
木材	无包装						
蛋黄派	12 包/箱						

（五）验收问题的处理

在货物检验过程中，如果发现单货不符、数量不符、质量有问题等情况，应按照以下原则分别处理。

① 凡是验收中发现问题的货物，一律单独存放，防止与良品混杂或丢失。

② 数量短缺的货物，在允许范围内的，可按原数量入账，超出允许范围的，验收人员应做好记录，按实际数量签收。

③ 实际数量多于入库通知数量的货物，由主管人员通知供货商，退回多发货物或补足发货款。

④ 凡有质量问题的货物，验收人员应及时办理退换货，经协商，可以维修的代为修理。

⑤ 货物规格不符或错发时，验收人员应做好验收记录，及时通知供应商，办理退换货，或改单签收。

⑥ 如果货物证件未到齐，验收人员应剔除单放，通知供货商证件不齐，当证件到齐后，再进行验收入库。

⑦ 属于承运单位造成的货物数量短缺或外包装破损，验收人员应凭货运记录向承运单位索赔。

⑧ 如果属于入库通知以及证件已到而货物未到库的情况，验收人员应及时向主管人员汇报，查询处理。

验收常见问题的处理方法如表 3-12 所示。

表 3-12　验收常见问题的处理方法

问题	数量溢余	数量短缺/有单无货	品质问题	包装问题	规格、品类不符	有货无单	单证与实物不符
处理方法	通知供货商，退回或补货款	按实数签收，向供应商查询	及时办理退换货或维修处理	剔除单放，等待进一步检查	改单签收或办理退换货	剔除单放，等待进一步查询	及时通知供货商，拒绝收货

任务实施

第一步：根据相关知识，写出如何对表 3-1 中的货物进行数量检验，包括验收比例、检验方法。

第二步：假设经过数量检验和外包装检验后，发现粉饼绯红色少 1 箱，粉饼瓷白色多 1 箱，洗发露外包装有污渍且内件漏液的有 2 箱，请填写入库验收报告，在备注栏做记录。

任务三　办理入库手续

任务引入

供应商送达的货物已经通过入库验收，入库单如表 3-13 所示，请办理该批货物的入库手续。

表 3-13　入库单

序号	货物名称	状态	应收数量	实收数量	入库日期与时间		存储货位
1	粉底液	良好	70 箱	70 箱	2020-08-26	9:10:25	搁板货架区
2	洗发露	良好	120 箱	198 箱	2020-08-26	9:10:25	托盘货架区
3	洁肤乳	良好	108 箱	108 箱	2020-08-26	9:10:25	托盘货架区
4	滋润乳霜	良好	140 箱	140 箱	2020-08-26	9:10:25	托盘货架区
5	紧肤水	良好	90 箱	90 箱	2020-08-26	9:10:25	危险品区
6	修护眼霜	良好	100 箱	100 箱	2020-08-26	9:10:25	托盘货架区
7	蜜露香皂	良好	60 箱	60 箱	2020-08-26	9:10:25	托盘货架区
8	沐浴露	良好	64 箱	64 箱	2020-08-26	9:10:25	托盘货架区
9	唇笔	良好	120 箱	120 箱	2020-08-26	9:10:25	托盘货架区
10	唇膏绯红	良好	78 箱	78 箱	2020-08-26	9:10:25	托盘货架区
11	唇膏魅紫	良好	78 箱	78 箱	2020-08-26	9:10:25	托盘货架区
12	粉饼象牙色	良好	45 箱	45 箱	2020-08-26	9:10:25	托盘货架区
13	粉饼瓷白色	良好	45 箱	46 箱	2020-08-26	9:10:25	托盘货架区
14	粉饼绯红色	良好	45 箱	44 箱	2020-08-26	9:10:25	托盘货架区
15	定型喷雾剂	良好	96 箱	94 箱	2020-08-26	9:10:25	危险品区

任务分析

仓库在完成入库验收之后，应立即办理货物入库手续，以便及时入库。入库手续包括交接、登账、立卡、建档等。

相关知识

一、交接

办理交接是仓库验收人员与送货司机之间办理货物交接、文件交接，同时签署相关单证，确认仓库收到货物的过程。

（一）交接货物

交接货物就是仓库验收人员对司机送达货物实施入库验收，剔除不良货物，接受数量和质量完好的货物。

（二）交接文件

交接文件就是验收人员接收送货司机送交的货物资料、货运记录（即收货单位索赔

办理入库交接

的依据）、普通记录（承运部门开具的一般性证明文件，如棚车的铅封印纹不清、不符或没有按规定施封或不严、篷布苫盖不严实等，不具备索赔效力）以及随货运输单证上注明的相应文件，如图纸、准运证等。

（三）签署单证

签署单证就是在送货单、交接清单、检验单、残损单证、事故报告等常用单式上签字，以便确认相关交接事项，部分单证的样式如表 3-14 和表 3-15 所示。

表 3-14　送货单

送货单号：　　　　　客户名称：　　　　　　　送货日期：　　年　　月　　日

序号	货物名称	条形码	编号	包装规格	数量	备注

送货司机签字：　　　　　　　　　　　　仓库验收人员签字：

表 3-15　交接清单

运单号：　　　　　　供应商：　　　　　　　交接日期：　　年　　月　　日

车辆牌照：　　　　　送货司机：　　　　　联系电话：

序号	货物名称	货物编码	包装规格	数量	重量	货物状态	备注

送货司机签字：　　　　　　　　　　　　仓库验收人员签字：

二、登账

登账是指将入库货物登入仓库明细账。仓库明细账反映货物入库、出库、结存的详细信息，记录库存货物的动态变化和出入库的过程。使用 WMS 的仓库，一般通过扫描条码确认入库，系统会自动更新库存信息。库存明细账样式如表 3-16 所示。

表 3-16　库存明细账

| 年 | | 储位 | 货物名称 | 编号 | 计量单位 | 单价 | 入库数量 | 金额 | 出库数量 | 金额 | 结存数量 | 金额 | 备注 |
月	日												

三、立卡

立卡是指在货物入库或上架后，将货物名称、规格、数量等内容填写在料卡上。料卡也称为货卡、货牌，一般悬挂在货物下方的货架上，或摆放在托盘、货垛正面显眼的位置。存货（料）卡如图 3-12 和表 3-17 所示。

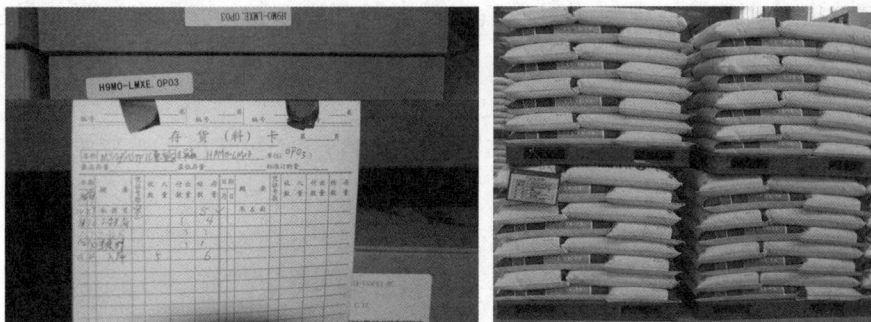

图 3-12 | 存货（料）卡示意图

表 3-17　存货（料）卡

名称			规格		单位	
最高存量			最低存量		标准订购量	
日期		摘要	凭证号数	入库数量	出库数量	结存数量
月	日					

续表

日期		摘要	凭证号数	入库数量	出库数量	结存数量
月	日					

课堂活动

粉底液出入库变动信息：10 月 8 日上午 9 时入库 70 箱，下午 2 时出库 22 箱，下午 4 时出库 15 箱，请填写该物料的料卡。

四、建档

建档是将货物接收作业全过程的有关资料证件进行整理、核对存档。仓库对接收入库的货物建立存货档案，不仅便于日后货物管理和客户维护，也为将来可能发生的纠纷保留凭证。

存档的资料通常包括以下内容。

① 货物的各种技术资料，如生产许可证、合格证、说明书、装箱单、质量标准、送货单、发货单等。

② 货物运输单据、普通记录、货运记录、残损记录、装载图等。

③ 入库通知、验收记录、磅码单、技术检验报告等。

ISO 9000 系列标准要求单证要保存 5～15 年。管理货物档案应按照档案管理的办法，对档案材料进行编码，单证上要有手写的签名和日期。

任务实施

第一步：模拟送货司机和库管员在验收报告单和送货单上签字确认。

第二步：制作库存明细账，在库存明细账上填写库存信息。

第三步：制作料卡，填写料卡。

任务四 堆码上架

任务引入

将表 3-13 中的货物按照图 3-13 所示的标准搬运入库，并上架存放。请你完成以下任务。

（1）选择货物搬运入库使用的工具。

（2）说明堆码上架作业方式。

（3）假设每种货物期初数为 10 箱，根据货物库存变动信息，填写料卡。

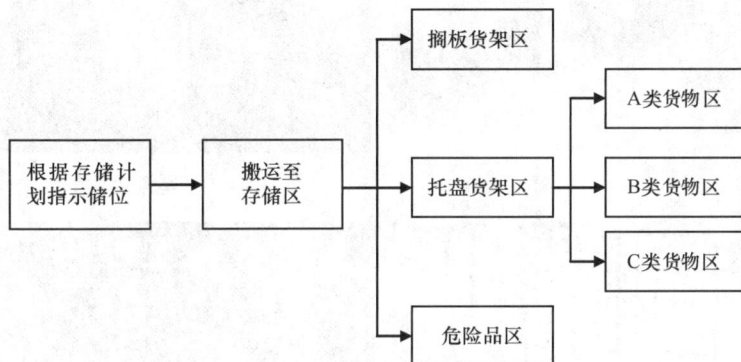

图 3-13 | 入库上架流程

任务分析

入库上架就是将验收后的货物搬运到库内指定位置，合理堆码和上架。要完成该任务，需要了解搬运作业方式，货物在库内存放的方式，掌握堆码、上架作业要求。

相关知识

一、搬运作业方式

入库搬运

按被搬运货物的形态不同，搬运作业方式有单件作业法、集装作业法和散装作业法，如图 3-14 所示。

（a）单件作业法　　　　　（b）集装作业法　　　　　（c）散装作业法

图 3-14 | 按被搬运货物的形态划分的搬运作业方式

按搬运设备不同，搬运作业方式有人力搬运、叉车搬运、拖车搬运、输送带搬运等，如图 3-15 所示。

（a）人力搬运 　　　　　（b）叉车搬运

（c）拖车搬运 　　　　　（d）输送带搬运

图 3-15 │ 按搬运设备划分的搬运作业方式

货物在库内的存放方式

▌二、货物在库内的存放方式

（一）散堆存放

散堆存放方式是指将没有包装的货物以在仓库或露天货场堆成货堆的形式存放。这种方式节省包装，堆存简单，当大宗物料以散装方式运输时，适合用这种方式存放。散堆存放方式如图 3-16 所示。

图 3-16 │ 散堆存放方式

（二）货架存放

货架存放方式是指将货物直接码放在通用或专用货架上。这种方式适用于不宜堆高，包装脆弱、价值高的小件货物，如小百货、小五金、医药品等。货架存放方式如图3-17 所示。利用货架存放可提高空间利用率，货物的重量由货架承担，可减少相互间的挤压，方便拣货等。

图 3-17 | 货架存放方式

（三）成组堆码存放

成组堆码存放方式是指将货物码放在成组工具上，利用成组工具（如托盘、集装箱、吸塑等）将货物组成一个更大的堆存单元，从而可以使用机械进行成组装卸、搬运、堆码。这种堆码方式适合于单件不宜采用机械装卸的货物，或者使用托盘、集装箱成组运输的货物。

成组堆码货物可以放在横梁式货架上（货架存放），也可以直接堆放在地面上（地堆存放），如图 3-18 所示。

（a）地堆存放方式

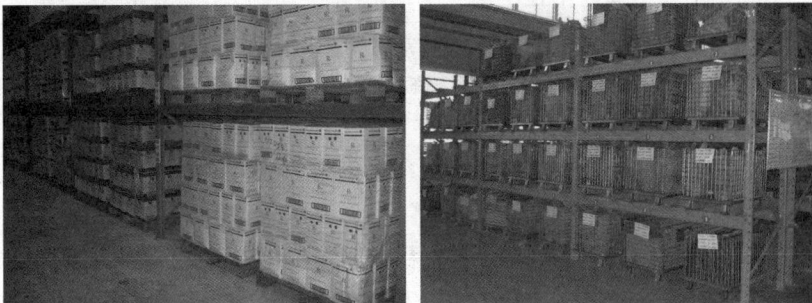

（b）货架存放方式

图 3-18 | 成组堆码存放方式

（四）垛堆存放

垛堆存放方式是指直接将单件货物整齐码放在地面上，可根据货物的形状、特性及场地情况，堆成各种形式的货垛，如图 3-19 所示。

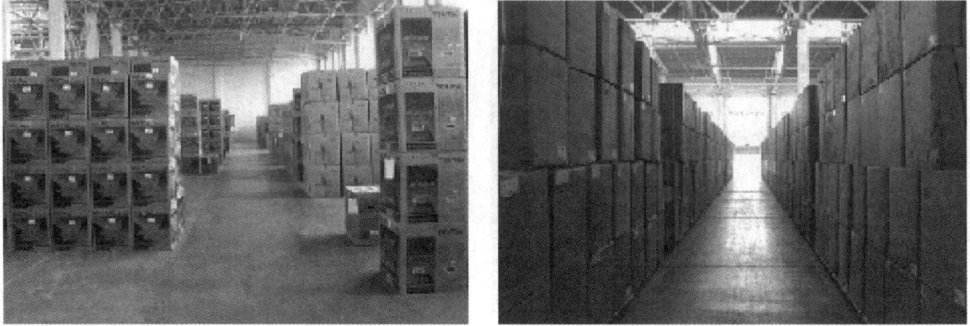

图 3-19 ｜ 垛堆存放方式

三、货物堆码方法

堆码（也叫码垛）就是将存放的货物整齐、规范地摆放成货垛的作业。无论是成组堆码，还是地面堆垛，都要确保堆码的质量。

堆码的要求

（一）堆码的要求

1. 堆码的"12 字方针"

对货物堆码时，要遵循合理、牢固、定量、整齐、节约、方便的要求，这个要求也称为堆码的"12 字方针"，如表 3-18 所示。

表 3-18 堆码的"12 字方针"

序号		12 字方针
1	合理	指搬运活性合理、分垛合理、垛形合理、重量合理、间距合理、顺序合理
2	牢固	指货垛稳定牢固，适当选择垛底面积、堆垛高度、衬垫材料，使货垛稳定、牢固、不偏不倚、不歪不倒
3	定量	指每层同量，垛、行、层、包等都为整数，每垛有固定的数量，以便于盘点和检查。对于某些过磅称重的货物，不能成整数时，应明确标出重量，分层堆码，或成捆堆码，定量存放
4	整齐	指货垛排列整齐有序，横看成行、纵看成列，货物外包装上的标志一律朝外，便于查看和拣选
5	节约	指节约堆码劳动力消耗、苫垫材料消耗和堆码货位。力求一次堆码成形，减少重复作业，以节省人力消耗；小心使用苫垫材料，减少损耗和浪费；合理设计堆码方案，节约货位
6	方便	指便于后续装卸搬运、日常维护保养、检查盘点和灭火消防

2．堆码的"五距"

堆码时还要注意"五距"，即垛距、墙距、柱距、灯距和顶距，如表 3-19 所示。

表 3-19　堆码的"五距"

序号		五距
1	垛距	指货垛与货垛、货架与货架之间必要的距离。库房的垛距应不小于 0.5m；货架与货架间距应不小于 0.7m。留垛距是便于通风和检查货物
2	墙距	库内货垛与隔断墙之间的内墙距不得小于 0.3m，外墙距不得小于 0.5m。留墙距主要是防止渗水，便于通风散潮
3	柱距	货垛或货架与库房内支柱之间应留有不小于 0.3m 的距离。留柱距是防止货物受潮和保护柱脚
4	灯距	货垛与照明灯之间的必要距离称为灯距。必须严格规定灯距，应不得小于 0.5m。留灯距主要是防止火灾
5	顶距	平房仓库顶距应不小于 0.3m；多层库房顶距不得小于 0.5m。留顶距主要是为了通风

（二）堆码应考虑的因素

1．垛基

垛基的作用是将整垛货物的重量均匀地传递给地坪，保证良好的防潮和通风，保证垛基上存放的货物不发生变形。常见的垛基形状如图 3-20 所示。

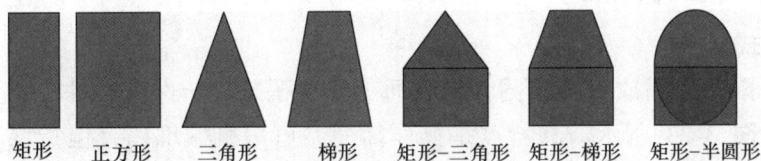

矩形　　正方形　　三角形　　梯形　　矩形-三角形　　矩形-梯形　　矩形-半圆形

图 3-20 ｜ 垛基形状

2．垛形

垛形是指货物码放的外部轮廓形状，常见的有平台垛、梯形垛、行列垛、梅花垛，如图 3-21 所示。

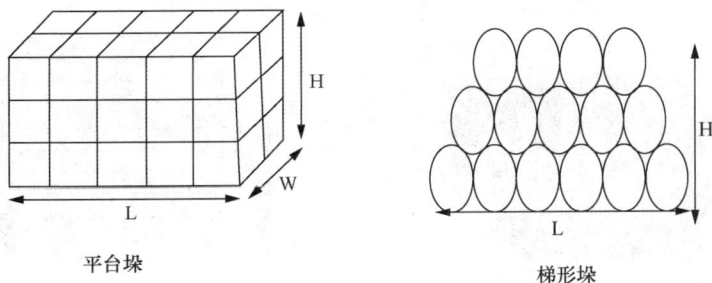

平台垛　　　　　　　　　　梯形垛

图 3-21 ｜ 垛形

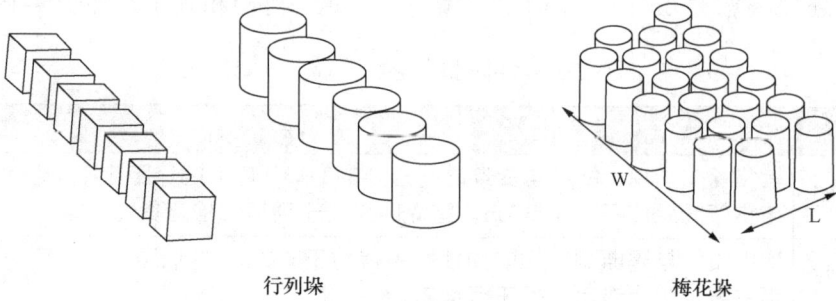

行列垛　　　　　　　　　　梅花垛

图 3-21｜垛形（续）

3．货垛参数

货垛参数是指货垛的长、宽、高，即货垛的外形尺寸，如图 3-22 所示。

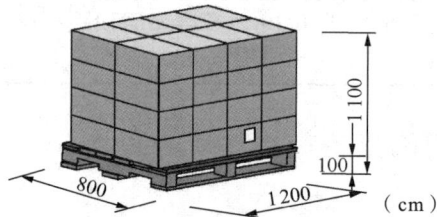

图 3-22｜货垛参数

（三）常见堆码方法

1．重叠式

重叠式是指各层码放方式相同，自下而上重叠码放，一件压一件，上下没有交叉的堆码方法，如图 3-23 所示。其特点是操作简便，可用机械堆码，但货垛稳定性不好。重叠式堆码适于体积较大的箱装、袋装、扁平状货物的码放。

2．纵横交错式

纵横交错式是指相邻两层货物的摆放旋转90°，一层横向放置，另一层纵向放置的堆码方法，如图 3-24 所示。每层间有一定的咬合效果，牢固度较好。纵横交错式堆码适用于管材、型材、狭长的箱装物资等货物的码放。

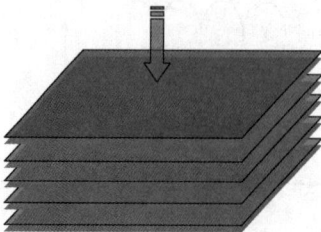

图 3-23｜重叠式

图 3-24｜纵横交错式

常用的货物堆码方法

3．仰俯相间式

仰俯相间式是指对上下两面有大小差别或凹凸的货物，如槽钢、钢轨等，仰放一层，再反一面俯放一层，仰俯相向相扣的堆码方法，如图 3-25 所示。

4．压缝式

压缝式是指将上一层的货物跨压在下一层两件相邻货物之间的缝隙上，逐层堆高的堆码方法，如图 3-26 所示。其特点是层层压缝，货垛稳定，不易倒塌。压缝式堆码适用于长方形包装或桶装货物的码放。

图 3-25 ｜ 仰俯相间式　　　　　　图 3-26 ｜ 压缝式

5．通风式

通风式是指任意两件相邻货物之间都留有空隙，以便通风的堆码方法，如图 3-27 所示。层与层之间采用压缝式或纵横交错式。这种方式一般适合箱装、桶装及裸装货物的码放。

6．栽柱式

栽柱式是指在货垛两侧栽上木桩或钢棒，形成 U 形货架，然后将货物平放在桩柱之间，码了几层后用铁丝将相对两边的桩柱拴连，再往上摆放货物的堆码方法，如图 3-28 所示。这种方式一般适合棒材、管材等长条形货物的码放。

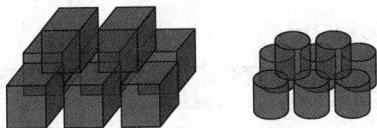 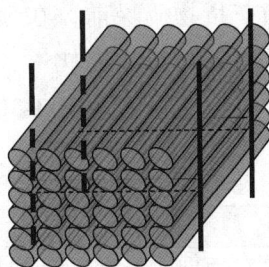

图 3-27 ｜ 通风式　　　　　　图 3-28 ｜ 栽柱式

7．衬垫式

衬垫式是指码垛时，隔层或隔几层铺放衬垫物，衬垫物平整牢靠后，再往上码的堆码方法。

8．"五五化"堆垛

"五五化"堆垛是指以五为基本计算单位，堆码成各种总数为五的倍数的货垛，以五或五的倍数在固定区域内堆放，使货物"五五成行、五五成方、五五成包、五五成堆、

"五五成层"，堆放整齐，上下垂直，过目知数的堆码方法。该方式便于货物的数量控制、清点盘存。

9. 托盘堆码

货物在托盘上的堆码方法可采用重叠式、纵横交错式、仰俯相间式、压缝式等堆码方法。为了增加托盘堆码的稳定性，通常用捆扎、网罩、框架、中间加衬垫、金属卡具、胶带、塑料裹膜等方法进行加固。

四、堆码上架流程

货物堆码上架流程如图 3-29 所示。

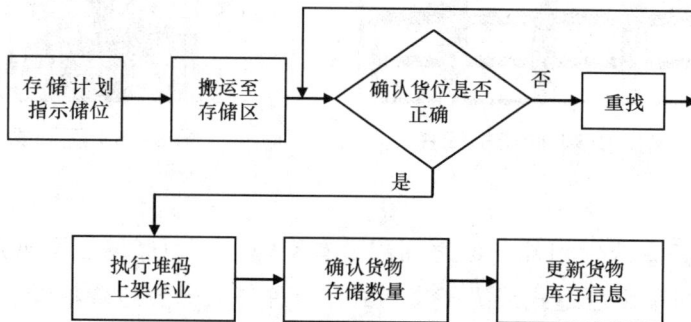

图 3-29 | 货物堆码上架流程

五、垫垛和苫盖

（一）垫垛

垫垛是指在货物码垛前，在预定的货位地面位置，使用衬垫材料进行铺垫。常用的衬垫物有枕木、废钢轨、货板架、木板、帆布、芦席、钢板等。垫垛的目的如表 3-20 所示。

垫垛

表 3-20　垫垛的目的

序号	目的
1	使货物与地面隔离，防止地面潮气、积水、尘土侵蚀货物，保持垛底通风、干燥
2	使用强度较大的衬垫物垫垛，可以分散货垛对地面的压力，避免损害地坪

垫垛的基本要求如下所述。图 3-30 为垫垛场景。

① 所使用的衬垫物与拟存货物不会发生不良反应，具有足够的抗压强度。

② 地面要平整坚实、衬垫物要摆直放正，并保持同一方向。

③ 衬垫物间距适当，直接接触货物的衬垫面积与货垛底面积相同，衬垫物不伸出货垛外。

④ 衬垫物要有足够的高度，露天堆场要达到 0.3m～0.5m，库房内 0.2m 即可。

图 3-30 | 垫垛

（二）苫盖

苫盖是指采用合适的苫盖材料对货垛进行遮盖。苫盖是为货垛遮阳、避雨、挡风、防尘，减少货物自然损耗，保护货物在储存期间的质量。

常用的苫盖材料有帆布、芦席、竹席、塑料膜、铁皮铁瓦、玻璃铁瓦、塑料瓦等。

苫盖

1．常用苫盖方法

（1）就垛苫盖法。

就垛苫盖法就是直接将大面积苫盖材料覆盖在货垛上的苫盖方法，如图 3-31 所示。该方法适用于遮盖起脊垛或大件包装货物，一般采用大面积的帆布、油布、塑料膜等作为苫盖材料。就垛苫盖法操作便利，但通风条件不好。

图 3-31 | 就垛苫盖

（2）鱼鳞式苫盖法。

鱼鳞式苫盖法是将苫盖材料从货垛的底部开始，自下而上成鱼鳞式逐层交叠围盖的苫盖方法，如图 3-32 所示。该法一般采用面积较小的席、瓦等材料。鱼鳞式苫盖法具有较好的通风条件，但每件苫盖材料都需要固定，操作比较烦琐、复杂。

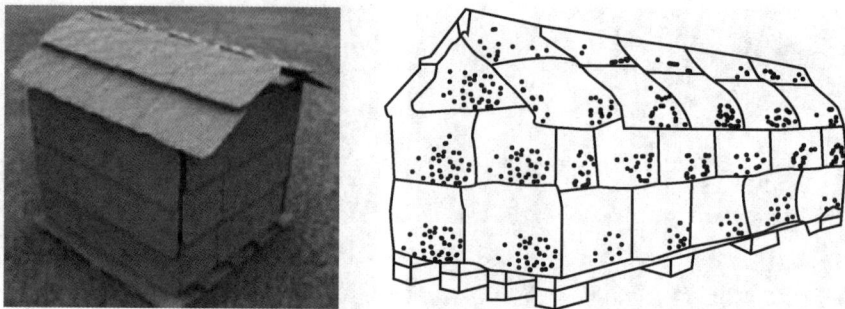

图 3-32 | 鱼鳞式苫盖

（3）活动棚苫盖法。

活动棚苫盖法是将苫盖物料制成一定形状的棚架，在货物堆垛完毕，移动棚架到货垛进行遮盖，或者采用即时安装活动棚架的方式进行遮盖的苫盖方法，如图 3-33 所示。活动棚苫盖法较为快捷，具用良好的通风条件，但活动棚本身需要占用仓库位置，也需要较高的购置成本。

图 3-33 | 活动棚苫盖

2. 苫盖作业要求

苫盖的目的是给货物遮阳、避雨、挡风、防尘。在进行苫盖作业时，需要注意以下要求。

（1）苫盖材料要合适。

选用防火、无害的苫盖材料。苫盖材料不能对货物产生不利影响，最好成本低廉，不宜损坏，能重复使用。

（2）苫盖要牢固。

每张苫盖材料都需要固定，必要时在苫盖物外用绳索、绳网绑扎或者采用重物盖压，确保风揭不开。

（3）苫盖接口要紧密。

苫盖的接口要有一定深度的互相叠盖，不能迎风叠口或留空隙；苫盖必须拉挺、平整，不得有折叠和凹陷，防止积水。

（4）苫盖的底部要与垫垛平齐。

不腾空或拖地，并牢固地绑扎在垫垛外侧或地面的绳桩上，衬垫材料不露出垛外，防止雨水顺延渗入垛内。

（5）要注意材质和季节。

使用旧的苫盖物或在雨水丰沛季节，垛顶或者风口需要加层苫盖，确保雨淋不透。

任务实施

第一步：学习相关知识。

第二步：列出货物入库搬运使用的搬运设备和工具。

第三步：对于不同类别货物，分别写出在库内存放的方式及其上架的作业方式。

第四步：根据每种货物的期初数量和入库数量，填写料卡。

拓展学习 请扫描二维码，学习拓展案例，回答问题。

二维码

课后实训

实训一　入库作业

某物流公司配送中心仓库平面布局如图 3-34 所示，库内有入库验收区、存储区、出库复核区、设备存放区、计算机办公区，存储区又分为 A 区、B 区和 C 区，用于存放不同类别的货物，均采用地堆存放方式。

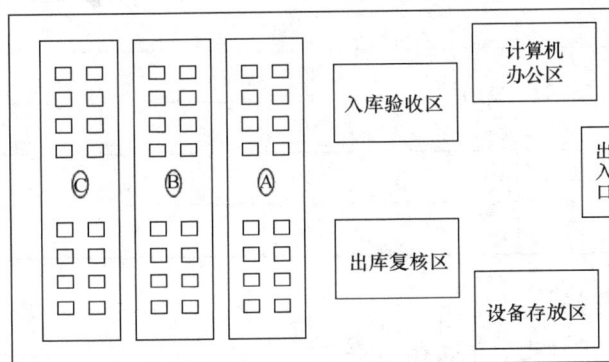

图 3-34 | 仓库平面布局图

10 月 20 日，仓库接到供货商入库通知，如表 3-21 所示，该批货物前 3 个月平均出库量和平均库存量如表 3-22 所示。在实训室完成以下练习。

表3-21　入库通知

货物名称	货物编码/条码	包装（长×宽×高）（mm）	入库数量（箱）
面纸	6924563016518	377×278×174	80
矿泉水	6924564612825	377×278×174	120
硫黄皂	6902083894757	377×278×174	80
抽纸	6924564012456	377×278×174	80
小花朵碗	6921168509256	377×278×174	80
小塑料碗	6902083885324	377×278×174	80
清洁球	6902083883133	377×278×174	160
玻璃杯	6902083881405	377×278×174	40
打火机	6925461515158	377×278×174	80
保鲜盒	6932010061808	377×278×174	120
合计			920

表3-22　月平均出库量和月平均库存量历史统计数据

货物名称	月平均出库量（箱）	月平均库存量（箱）
抽纸	900	40
硫黄皂	820	40
小花朵碗	780	65
保鲜盒	470	50
打火机	350	38
面纸	300	94
玻璃杯	80	28
矿泉水	80	33
清洁球	100	48
小塑料碗	80	83

练习一　入库准备

已知货物码放在托盘上，采用地堆存放方式，每个货位只放一托货物。托盘规格为1 200mm×1 000mm，根据箱子尺寸，每层可码放10箱，每托盘共码4层，不同种类货物不能混放在同一托盘。

（1）计算每种货物所需储位数量。

（2）根据表3-22所示的数据，计算货物周转频率，并按周转频率对货物进行A、B、

C 分类。

（3）进行储位编码，按周转频率原则分配储位，A 类货物放在 A 区，B 类货物放在 B 区，C 类货物放在 C 区，给出储位分配表。

练习二　入库验收

模拟货物实到数量与通知数量不符，外包装有破损件、水湿件。分组进行入库验收，找出问题件，根据验收结果填写验收单。

练习三　交接入库

模拟办理交接手续，用托盘将货物搬运入库，放到预先分配好的库位上，填写料卡。

实训二　货物堆码

练习一　堆码训练

实训室有箱装模拟货物若干、桶装模拟货物若干，利用模拟货物练习重叠式堆码、压缝式堆码、纵横交错式堆码、通风式堆码、衬垫式堆码等，以小组为单位轮流练习。

练习二　计时比赛

小组之间进行计时堆码比赛，教师检查堆码是否符合"12 字方针""五距"要求。

课后练习题

一、单选题

1. 小配件与小配件分为一类，小饰品与小饰品分为一类，作业手段相似的分为一类，这是基于（　　）分配货位。

    A. 周转频率　　　B. 货物相似性　　　C. 货物相关性　　　D. 货物相容性

2. 批量小、规格尺寸和包装不整齐，价值高的货物，或者退换货货物，易霉变、残损的货物适合于（　　）。

    A. 全验　　　　　B. 数量检验　　　　C. 抽验　　　　　D. 质量检验

3. 木材适用于（　　）数量检验方式。

    A. 计件　　　　　B. 检斤　　　　　　C. 检尺　　　　　D. 测量内径

4. 下列不属于垛基的作用是（　　）。

    A. 将整垛货物的重量均匀地传递给地坪

    B. 保证垛形美观漂亮

    C. 保证良好的防潮和通风

    D. 保证垛基上存放的货物不发生变形

5. 下图所示货物的堆码方法是（　　）。

    A. 重叠式　　　　B. 压缝式　　　　　C. 仰俯相间式　　　D. 纵横交错式

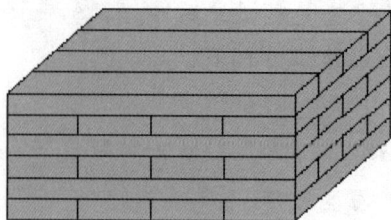

6. 按周转频率将货物分为 A、B、C 3 类，其中 A 类是流动速度最快的货物，B 类是流动速度次快的货物，C 类是流动速度慢的货物，分类之后，将周转快的 A 类货物放到离（　　　）近的位置或便于搬运的位置。

    A. 进库口　　　　　B. 库中心　　　　　C. 出库口　　　　　D. 过道

7. 到货批量较小、采用零担托运的货物一般采用（　　　）的方式接运。

    A. 本库接货　　　　　　　　　　B. 车站、码头提货

    C. 供货仓库提货　　　　　　　　D. 铁路专用线接货

8. 大宗没有包装的物料在仓库或露天货场上存放时，适合用（　　　）存放。

    A. 货架存放　　　B. 散堆存放　　　C. 成组堆码存放　　　D. 垛堆存放

9. 货垛与照明灯之间的必要距离称为灯距。必须严格规定灯距，不得小于（　　　）。

    A. 0.2m　　　　　B. 0.3m　　　　　C. 0.5m　　　　　D. 0.7m

10. 相邻两层货物的摆放旋转 90°，一层横向放置，另一层纵向放置。每层间有一定的咬合效果，牢固度较好的堆码方法是（　　　）。

    A. 重叠式　　　　B. 仰俯相间式　　　C. 纵横交错式　　　D. 压缝式

二、多选题

1. 货物接运的方式包括（　　　）。

    A. 本库接货　　　　　　　　　　B. 车站、码头提货

    C. 供货仓库提货　　　　　　　　D. 铁路专用线接货

2. 下列属于验收工作的要求有（　　　）。

    A. 及时　　　　　B. 有效　　　　　C. 严格　　　　　D. 经济

3. 入库货物涉及的主要凭证有（　　　）。

    A. 检验单　　　　B. 入库通知单　　　C. 装箱单

    D. 货物运单　　　E. 材质证明书

4. 实物检验就是根据入库单和有关技术资料对实物进行（　　　）。

    A. 数量检验　　　B. 外包装检验　　　C. 质量检验　　　D. 单据检验

5. 入库手续包括（　　　），仓库管理人员应懂得如何办理入库手续。

    A. 交接　　　　　B. 登账　　　　　C. 立卡　　　　　D. 建档

6. 货物在库内的存放方式有（　　　）。

    A. 散堆存放　　　B. 货架存放　　　C. 成组堆码存放　　　D. 垛堆存放

7. 堆码时还要注意"五距"。下列属于堆码"五距"的有（　　　）。

　　A. 垛距　　　　　　B. 墙距　　　　　　C. 柱距

　　D. 顶距　　　　　　E. 灯距

8. 验收中有可能出现的问题有（　　　）。

　　A. 单货不符　　　B. 数量不符　　　　C. 质量问题　　　　D. 规格问题

9. "五五化"堆垛以五为基本计算单位，堆码成各种总数为五的倍数的货垛，以五或五的倍数在固定区域内堆放，使货物"五五成行、五五成方、五五成包、五五成堆、五五成层"，堆放整齐，上下垂直。其目的是（　　　）。

　　A. 美观　　　　　　B. 便于数量控制　　C. 便于清点盘存　　D. 牢固

10. 下列适合货架存放的货物有（　　　）。

　　A. 小百货　　　　　B. 钢筋　　　　　　C. 小五金　　　　　D. 医药品

三、判断题

1. 随机货位存放方式货物可随机放在任何空闲的位置上，不分类分区。优点是由于货位可共用，储存空间的利用效率较高，出入库管理容易。（　　　）

2. 验收是保证仓库保管质量的第一道关口，是仓储作业过程中必须做的交接工作。（　　　）

3. 平房仓库顶距应不小于 0.2m；多层库房顶距不得小于 0.3m。留顶距主要是为了通风。（　　　）

4. 抽验适合于批量大、价值低，或者质量稳定、规格整齐、供货商信誉较好的货物，或者验收条件有限的场合。（　　　）

5. 货物入库作业一般来说按照入库准备、货物接运、货物验收、堆码上架、办理入库手续的流程进行排序。（　　　）

6. 细数检验是对大包装内的内件进行数量检验。（　　　）

7. 煤炭数量验收时要进行称重。其数量检验方式称为检斤。（　　　）

8. 当入库货物为好丽友派蛋糕时，由于好丽友派蛋糕为固定数量包装，包装规格为 12 包/箱，入库查验时，按 100%比例开箱抽验是否是 12 包/箱。（　　　）

9. 外包装检验主要是用眼睛看、手摸等方法，不同的货物按照不同的检验比例参验，通常在卸货的同时进行查验。（　　　）

10. 尺寸检验一般采用抽验的方法进行。（　　　）

四、简答题

1. 简述垫垛的基本要求。

2. 简述苫盖作业要求。

3. 简述入库前准备应该从哪些方面入手。

项目四
在库作业

学习目标

1. 知识目标

（1）了解货物保管养护的任务。

（2）掌握货物保管养护的知识。

（3）掌握盘点的流程和方法。

2. 能力目标

（1）能根据不同货物的理化特性，制定合适的保管养护方案。

（2）能进行温湿度控制。

（3）能进行库存盘点。

任务一　货物保管养护

任务引入

武汉仓储园区的化妆品仓库存放威士露、欧珀莱、雅诗兰黛、欧莱雅、圣雪兰等品牌的个人护理货物，电子货物仓库主要存放手机备件，药品仓库主要存放生物制药和疫苗。请你为这 3 个仓库制定保管养护方案。

任务分析

要完成该任务，首先要知道货物保管养护的任务和仓库日常管理的工作方法，并能够根据货物的特性选择合适的养护措施。

相关知识

▌一、保管养护的概念

保管养护是指仓库针对货物的特性，采取科学的手段对货物进行保管，防止和延缓货物质量变化的行为。

▌二、货物保管养护的任务

货物保管养护的基本任务就是根据在库货物的特性及其变化规律，为货物提供适宜的保管环境，合理利用储存空间和设施设备，确保在库货物的安全，避免发生数量和质量变化，为下一步货物出库打下良好的基础。

货物保管养护的基本方针是"以防为主，以治为辅，防治结合"。要做到预防为主，就要事先了解货物的特性，知晓货物在库期间可能会发生什么变化，以便采取相应的保管养护措施。

▌三、在库货物的质量变化形式

货物在库期间受环境因素的影响，可能会发生质量变化，影响货物的原有价值。常见的质量变化形式有物理变化、化学变化、生化变化、价值变化、机械变化等，如表 4-1 所示。

在库货物的质量变化形式

表 4-1　常见的质量变化形式

名称	现象
物理变化	气体、液体、固体"三态"之间的变化，例如挥发、凝固、熔化、潮解等，以及货物串味、渗漏、沾污、干裂等现象

续表

名称	现象
化学变化	氧化、燃烧与爆炸、锈蚀、老化，水解、分解、裂解、化合、聚合等
生化变化	粮食、水果、蔬菜、鲜肉、鲜蛋等有机货物在储存过程中受环境影响会发生呼吸、发芽、胚胎发育、后熟、霉腐、虫蛀等变化
价值变化	储存呆滞损失，即因储存时间过长，市场需求发生了变化，使该货物的效用降低。时间价值损失，即储存时间越长，储存成本越高，所造成的经济损失越大
机械变化	物料在外力作用下可发生的形态变化，如破碎、变形等

四、影响库存货物变化的因素

（一）库存货物发生物理变化的影响因素

1. 挥发的影响因素

挥发主要受温度的高低、液面的大小、液面上压力的大小、液体或空气流动速度的影响。

影响库存货物质量变化的因素

2. 潮解的影响因素

潮解主要受空气湿度影响。潮解的主要对象是固体化工原料。易发生潮解的物质：碱类物质，如氢氧化钠、氢氧化钾；盐类物质，如碳酸钠、氧化钠、氯化钙、氯化镁和硝酸钾等。

3. 熔化的影响因素

熔化主要受周围温度影响，如石蜡、沥青、润滑脂在高温环境下可能发生熔化；该类货物一旦软化或熔化，不但影响自身的质量，而且会流失，污染其他的货物等。

4. 凝固的影响因素

凝固主要受温度影响，如有些柴油品种的凝点为 10℃，当室温降至此温度及以下温度时，就会发生凝固而影响使用。此外，货物凝固后，体积会膨胀，可能导致容器破裂，造成流失及事故。

（二）库存货物发生化学变化的影响因素

化学变化主要受空气中的氧气、水分含量，以及溶液的酸碱度等影响。

易发生氧化的物质有棉、麻、丝、毛等纤维织品，橡胶制品，油脂类货物，某些化工原料等。氧化反应可产生热量，发生自燃。因此，容易发生氧化的货物应储存在干燥、通风与散热良好、温度比较低的库房。

遇到水容易发生分解的物质有电石、漂白粉、过氧化氢等，分解可导致货物数量减少、质量降低，并可能释放一定的热量和可燃气体，引发事故。因此，该类货物存放时要注意包装物的封闭性，库房中要保持干燥、通风。

　　某些物质遇到酸性溶液或碱性溶液会发生水解。例如，肥皂在酸性溶液中能全部水解，而在碱性溶液中却很稳定；蛋白质在碱性溶液中容易水解，而在酸性溶液中却比较稳定；羊毛等蛋白质纤维怕碱不怕酸，棉纤维则在酸性溶液中易发生水解，降低纤维的强度。对于容易发生水解的货物，在物流过程中，相关人员要注意包装材料的酸碱性，清楚哪些货物可以或不可以同库储存，以防人为造成损失。

　　部分金属受到周围介质的化学作用或电化学作用而被破坏，发生金属锈蚀现象，要注意保护。

（三）库存货物发生生化变化的影响因素

　　库存货物发生生化变化主要受温度、空气中氧气的影响。

　　呼吸的危害：有机货物通过呼吸，分解其体内的有机物，产生热能，维持生命活动。但呼吸会消耗营养物质，降低货物的质量，释放热量。例如，粮食的呼吸作用会产生热量，热量积累过多会使粮食变质，甚至自燃。因此，在保管粮食或鲜活货物时，应尽量保证其最低而正常的呼吸，减少货物消耗，延长存储时间。

　　发芽的危害：发芽导致营养物质损失，降低有机体货物的质量，降低食用价值。马铃薯发芽还会产生有毒物质，发芽过程通常伴随发热生霉。发芽的影响因素主要有环境中的水分、氧气、温湿度等。易发芽的货物有粮食、果蔬等。对于易发芽的货物，仓库管理人员要控制存储环境中的水分，通过加强温湿度管理，防止发芽现象的产生。

　　鲜蛋容易发生胚胎发育现象，影响因素主要有温度和供氧条件。胚胎发育的危害主要是禽蛋的新鲜度和食用价值大大降低。预防措施是加强温湿度管理，进行低温储藏。

　　香蕉等瓜果类、蔬菜类货物在脱离母株后，会继续其成熟过程，该现象叫"后熟"。后熟的危害：后熟作用完成后，货物容易发生腐烂变质，难以继续储藏甚至失去食用价值。其预防措施是控制储藏条件，调节后熟过程。

（四）其他生物引起的霉腐变化

　　其他生物引起的霉腐变化主要有霉变、发酵、腐败等。霉变是由于霉菌在货物上繁殖导致的变质现象。发酵是酵母菌和细菌分泌的酶作用于食品中的糖类、蛋白质而发生的分解反应。腐败是腐败细菌作用于食品的蛋白质发生的分解反应，使食品失去食用价值，产生危害健康的物质。

　　引起霉腐的主要因素如下。

　　（1）湿度：当湿度与霉腐微生物自身的繁殖要求相适应时，霉腐微生物就会迅速繁殖；反之，则处于休眠状态或死亡。实验证明，当空气相对湿度在75%以上时，多数物料的含水量才可能引起霉腐微生物的生长繁殖，因此通常把 75%相对湿度称为物料霉腐临界湿度。

　　（2）温度：根据微生物对温度的适应能力，可将其分为低温性微生物、中温性微生物和高温性微生物，每一类型的微生物对温度的要求又分为最低生长温度、最适宜生长温度和最高生长温度，超出这个范围，其生长会滞缓或停止。微生物生长温度的状况如表 4-2 所示。

表 4-2　微生物生长温度状况

类型	最低生长温度（℃）	最适宜生长温度（℃）	最高生长温度（℃）
低温性微生物	0	5～10	20～30
中温性微生物	5	25～37	45～50
高温性微生物	30	50～60	70～80

霉腐微生物大多属于中温性微生物，最适宜生长温度为 20℃～30℃，10℃ 以下不易生长，45℃ 以上停止生长。

（3）光线：多数霉腐微生物在阳光直射下 1～4h 即能死亡，所以物料大多存放在阴暗的地方才容易霉腐。阳光中的紫外线是杀菌的主要因素，一般微生物在紫外线灯下照射 3～5min 就会死亡。

（4）空气成分：多数霉腐微生物特别是霉菌，需要在有氧条件下才能正常生长，二氧化碳浓度的增加不利于微生物的生长，如果改变物料储存环境的空气成分，可抑制微生物生长。

综上所述，影响库存货物发生质量变化的外在因素如表 4-3 所示。

表 4-3　影响库存货物发生质量变化的外在因素

自然因素	储存环境的温度、湿度、空气、阳光、尘土、杂物、微生物、虫鼠害、自然灾害等
人为因素	保管场所选择不当、包装不合理、装卸搬运不合理、堆码苫垫不合理、违章作业等
储存期	储存期过长，超过保质期等
机械因素	受外力撞击、挤压等
电子因素	静电、接地等

五、货物保管养护的基本措施

（一）严格验收入库货物

为保证货物在库期间的保管质量，入库时应把好质量关，验收时若发现有霉变、腐败、熔化、沉淀、结块、渗漏、虫蛀、沾污及外包装潮湿、破损的货物，应剔除并另行处理。

货物保管养护七项措施

（二）适当安排储存场所

不同货物有不同的特性，对保管条件的要求也不同，应根据货物特性安排适当的存储地点。

例如，医药行业对药品的存放环境是有严格要求的，环境的温湿度对药品的保存寿命与质量有很大影响，高温高湿会使药品发霉、变质，失去药用价值，该类药品应存放在有温湿度监测和控制条件的仓库中。而怕热、易挥发、易燃烧、易爆炸的货物，应存放在温度较低的地方；易受潮、霉变、锈蚀的货物，应存放在阴凉干燥处；性质相抵触或易发生串味的货物应分区存放。

（三）合理进行堆码苫垫

对于易受地面潮气影响的货物，堆码时应注意做好垫垛隔离工作，露天存放的货物应使用帆布、芦席、活动棚等进行苫盖。根据货物的性能、当地的气候条件妥善堆码，并按要求留出"五距"。

（四）控制好仓库的温度、湿度

货物的质量变化受空气的温度和湿度影响较大。仓库要根据所保管货物的特性、对环境温湿度的要求，采取通风、密封、吸潮措施以及安装调节仓库温湿度的设备，将仓库温湿度控制在货物适应的范围内。

（五）做好虫害防治

不清洁的环境易引起微生物、虫类的滋生繁殖，所以，要经常清扫仓库内外，保持储存环境的清洁。对于食品等易招虫蛀、鼠害的货物，仓库管理人员应采取措施切断虫害来源，对已发生的虫害、鼠害采取措施进行治理。

（六）认真进行在库检查和盘点

在库检查和盘点工作对及时发现问题、保障存储质量具有重要作用。日常检查内容包括仓库卫生是否清洁，货物储存环境是否适宜，货物是否发生霉变、虫害、生锈等质量变化。一旦发现问题或隐患，要及时采取措施，防止损失扩大。

（七）做好仓库的清洁卫生

储存环境不清洁，易引起微生物、虫类的滋生繁殖。因此，仓库管理人员应经常对仓库内外环境进行清扫，彻底铲除仓库周围的杂草、及时清除垃圾等，必要时使用药剂消杀微生物和潜伏的害虫。对于容易遭受虫蛀、鼠咬的物料，要根据物料性能和虫鼠生活习性及危害途径，及时采取有效的防治措施。

六、仓库的温湿度控制

仓库的温湿度控制

（一）温度、湿度概念

1. 温度

温度包括气温、库温、垛温。

气温是指库房外的温度，库温是指库房内的温度，垛温是指货物货垛的温度。气温对库温有直接影响，对垛温有间接影响。

2．湿度

湿度分为绝对湿度、饱和湿度、相对湿度。

绝对湿度是指单位体积空气中所含水蒸气的质量。

饱和湿度是指在一定气压、气温的条件下，单位体积空气中所含有的最大蒸汽质量。当空气中的水汽超过饱和湿度时，多余的水蒸气就会凝成水滴。

相对湿度是空气中实际所含水蒸气密度和同温度下饱和水蒸气密度的百分比值，即相对湿度=绝对湿度÷饱和湿度。

露点是指水蒸气开始液化成水时的温度。当库内温度低于露点时，空气中的水蒸气会结露使货物受潮，因此在采用通风方式调节库内温湿度时，应避免露点温度出现。

表4-4是部分货物对温度和湿度的要求。

表4-4　部分货物对温度和湿度的要求

货物种类	温度（℃）	相对湿度（%）	货物种类	温度（℃）	相对湿度（%）
金属制品	5～30	≤75	皮革制品	5～15	60～75
塑料制品	5～30	50～70	纸制品	≤35	≤75
橡胶制品	≤25	≤80	树脂油漆	0～30	≤75
麻织品	25	55～65	仪表电器	10～30	≤70
丝织品	20	55～65	毛织品	20	55～65

（二）温度、湿度的变化规律

1．库外温湿度的变化规律

（1）气温的变化。

一天中，最高气温出现在下午2点左右，最低气温出现在日出前。通常情况下，气温的日变化规律是日出后开始上升，至下午2点左右达到最高，然后逐步下降，至日出前达到最低。一年中，北半球气温最低的月份，内陆为1月，沿海为2月；最热的月份，内陆为7月，沿海为8月；平均气温均在4月月底和10月月底。

（2）湿度的变化。

绝对湿度通常随气温升高而增大，随气温降低而减小，但绝对湿度不足以完全说明空气的干湿程度，而相对湿度能正确反映空气的干湿程度。相对湿度变化和气温变化相反，相对湿度随气温的增高而降低。日出前，相对湿度最大；下午2点左右，相对湿度最小。但沿海地区由于从海洋吹来的水汽，午后温度最高时，湿度也大。相对湿度的年变化趋势与温度相反，最大值出现在冬季，最小值出现在夏季。

2．库内温度和湿度的变化

仓库内温度、湿度的变化规律与库外基本上是一致的，但是库外气温对库内的影响有一个延迟过程，程度上会减弱。总体上，库内温度变化落后于库外，夜间库内温度比库外高，白天库内温度比库外低。库内湿度会随库外湿度的变化而变化，但密封良好的仓库受到的影响较小；库内不同位置，湿度会有所不同。例如，库内四角等流通性差的地方，湿度会偏大；向阳的一面气温偏高，湿度相对偏小，背阴的一面则相反。

库内上下区域的湿度也有差别，夏季更加明显，上部位置的温度较高，相对湿度较小，平均在 65%～80%；下部位置的温度较低，相对湿度较大；靠近地面和垛底的相对湿度平均在 85%～100%。靠近门窗位置的货物容易受潮，水泥地面在通风不良的情况下可能会结露。

从气温变化的规律分析，一般夏季降低仓库内温度的适宜时间是夜间 10 点至次日 6 点，而降低湿度的适宜时间是上午 6 点至下午 4 点，实际操作时还要根据货物特性、库房条件、当地气候等因素灵活操作。

（三）温度、湿度测量

仓库温度的测量工具主要是水银温度计、酒精温度计、半导体温度计等，如图 4-1 所示。测量库房内的温度时，温度测量工具应放置在库房的中央离地面约 1.4m 处，不可放在门窗附近或墙角。

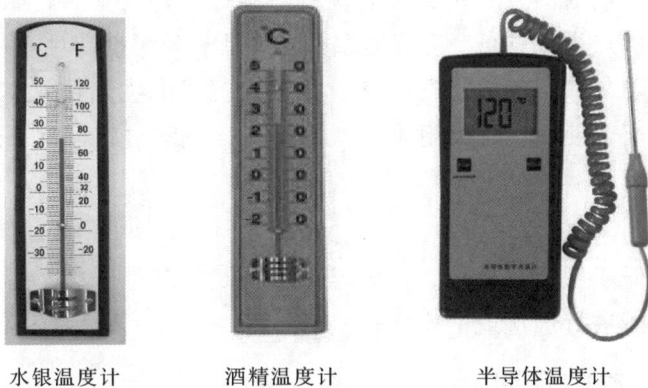

水银温度计　　　　酒精温度计　　　　半导体温度计

图 4-1 | 温度测量工具

仓库湿度测量工具主要是干湿球温度计、湿度自动记录仪、毛发湿度计等，如图 4-2 所示。测量库房内的湿度时，湿度测量工具应放置在阴凉通风的地方，避免阳光直射。

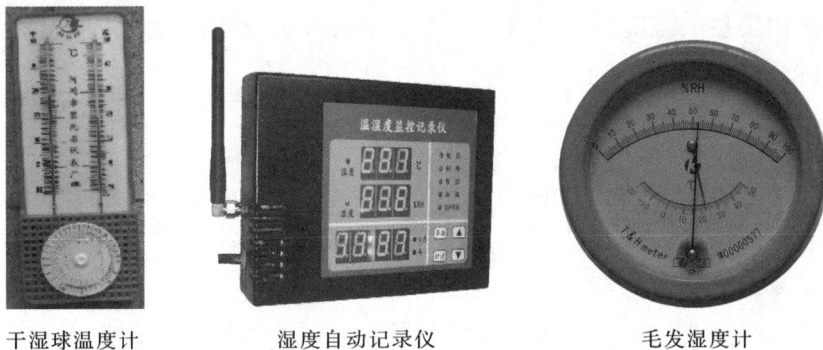

干湿球温度计　　　　湿度自动记录仪　　　　毛发湿度计

图 4-2 | 湿度测量工具

（四）温度、湿度控制方法

1．通风

通风是调节库内温度和湿度的重要手段，仓库通风可分为自然通风和机械通风两种方式。自然通风是指选择合适的时机开窗通风，使库内空气和库外空气对流交换。机械通风是指利用排风扇进行通风，使用空调系统进行降温。当库外的温度和绝对湿度低于库内的温度和绝对湿度时，可通风降温。

2．密封

密封是指使用密封材料将货物存储空间严密地封闭起来，使之与周围空气隔离，防止或减弱周围自然因素对货物的影响。

一般来讲，密封的目的是防潮，同时也可以起到防锈、防霉、防虫、放热、防冻、防老化的作用。

3．除湿

空气除湿是指利用物理或化学的方法，将空气中的水分除去，以降低空气的湿度。除湿方法有利用吸潮剂除湿、利用空气去湿机除湿等。

吸潮剂除湿的优点是成本低，可就地取材。常见的吸潮剂有生石灰、氯化钙、硅胶，也可以使用木炭、炉灰和干谷壳进行吸潮。空气去湿机的优点是效率高，不污染货物。

除湿可与密封配合使用。在梅雨季节或阴雨天，在密封库里常采用除湿（吸潮）的办法降低库内湿度。

4．加湿

如果库内湿度低于保管的要求，货物因含水量低易产生干裂、挥发、易燃、干涸等变化的，应利用机械进行加湿或洒水操作。

（五）温度、湿度管理

仓库应在库内外适当地点设立温湿度监测点，库外温湿度计应悬挂在百叶箱内，库内温湿度计应悬挂在中部位置，悬挂高度距离地面约 1.4m。

由专人负责每天定时观察并记录数据，按月、季、年分析记录统计时段内的最高、最低和平均温湿度。

当发现库内温度、湿度超过要求时，应立即采取相应的温湿度控制措施，以达到安全存储的目的。

案例

某电商园区总面积为 55 000m²，其中仓储区有 42 000m²，分为汽车备件库、手机备件库、化妆品库、综合仓库（存放家居用品、鞋类、百货类、箱包类等货物）。汽车备件库为常温库，保管注意事项为防高温、防变形、防电火花、防电接地等，轮胎需竖放，电瓶存放时需要垫橡胶垫，电子类零件需防磁，保险杠需防高温、防变形，钢圈需平放。手机备件库为恒温库，库房内有中央空调，库房温度控制在 18℃～26℃，IC 类部件要求存放在温度为 0℃ 的干燥环境中，因此库房配有干燥箱，用于存放 IC 类芯片，干燥箱门打开的时间不超过 1min。电子类货物有防尘、防静电要求，仓库水磨石地面嵌入金属条，工作人员穿防静电服，金属触点露在外面的，必须小心静电，操作台上摆放有防静电的胶垫。

七、仓库虫害与霉变的防治

（一）仓库虫害的防治

1. 容易被虫蛀的物料

容易被虫蛀的物料主要是一些由营养成分含量较高的动植物加工制成的物料，主要有毛丝织品与毛皮制品、竹藤制品、纸张及纸制品，以及干果、粮食等。

2. 虫害防治方法

（1）杜绝仓库害虫来源。

仓库害虫的来源如下。

① 货物入库前已经有害虫潜伏在货物中。

② 货物包装材料内隐藏害虫。

③ 运输工具带来害虫。

④ 仓库内隐藏害虫。

⑤ 仓库环境不够清洁，库内杂物、垃圾未及时清除，潜藏害虫。

⑥ 邻近仓库感染害虫；储存地点的环境影响，如仓库地处郊外，有麻雀、老鼠飞入或蹿入，它们身上有虫卵或虫体；田野、树木上的害虫也有可能进入仓库，感染货物。

杜绝仓库害虫来源的方法主要是：对货物原材料做杀虫、防虫处理，对入库货物做虫害检查和处理，对仓库环境及用具进行卫生消毒。

（2）使用化学药剂防治虫害。

常用的化学药剂有驱避剂、杀虫剂、熏蒸剂。驱避剂有精萘、对位二氯化苯和樟脑精等；杀虫剂有触杀剂和胃毒剂，常用的有敌敌畏和敌百虫，用于仓库及环境的消毒；熏蒸剂有溴甲烷、磷化铝、环氧乙烷和硫黄等。

（二）货物霉变腐烂的防治

1. 常见的易霉腐物料

引起物料霉腐的原因主要是霉菌、细菌和酵母菌等微生物。糖类、蛋白质、油脂和有机酸等物质是微生物生长繁殖必需的营养物质，下面介绍几种较容易生霉的物料。

棉麻、纸张等含纤维素较多的物料，鞋帽、纸绢制品等含淀粉的物料，皮毛、皮革、丝毛织物等含蛋白质较多的轻纺工业物料，鱼肉蛋乳及其制品等含蛋白质较多的食品物料，糖茶、果蔬等含多种有机物质的物料。

仓库虫害与霉变的
防治

2．防治货物霉腐的主要方法

（1）加强入库验收。

易霉腐货物入库，首先应该检验其包装是否潮湿及货物的含水量是否超过安全比例。易霉腐货物在保管期间应频繁检查，加强保护。

（2）加强仓库温度、湿度管理。

对于不同性质的货物，要正确运用密封、吸潮及通风相结合的方法，控制好库内温湿度，特别是在梅雨季节，要将相对湿度控制在不适宜霉菌生长的范围内。

（3）选择合理的储存场所。

易霉腐货物要安排存放在空气流通、光线较强、比较干燥的库房，并应避免与含水分多的货物存放在一起。

（4）合理堆码。

下垫隔潮，货物堆垛不应该靠墙靠柱。

（5）做好日常的清洁卫生。

仓库里的积尘能够吸潮，容易使菌类寄生繁殖，因此要做好仓库内的清洁卫生。

（6）使用防霉腐剂防霉。

（7）气相防霉变。

使用具有挥发性的防霉防腐剂，利用其挥发生成的气体，直接与霉腐微生物接触，杀死或抑制霉腐微生物的生长，从而达到防霉腐的目的。

（8）低温冷藏防霉腐。

低温冷藏防霉腐所需的温度与时间，应以具体货物而定，一般温度越低，持续时间越长，霉腐微生物的死亡率越高。

（9）干燥防霉腐。

减少仓库环境中的水分和货物本身的水分，使霉腐微生物得不到生长繁殖所需水分而达到防霉腐的目的。

（10）利用紫外线、微波、红外线、辐射等方法防霉腐。

八、金属制品的锈蚀和防护

受温度、湿度、氧气、有害气体、货物包装、灰尘等因素的影响，金属制品在库期间容易发生锈蚀。

（一）金属制品的防锈措施

1．选择合适的储存场所

金属制品的保管地点应远离有害气体和粉尘的影响，与酸、碱、盐等货物分开存放。

2．控制好温度和湿度

存放金属制品的仓库应保持干燥。

3. 涂油防锈

在金属制品表面涂或喷一层防锈油脂薄膜。防锈油分为软膜防锈油和硬膜防锈油两种，防锈油具有易燃成分和一定的毒性。

4. 气相防锈

利用挥发性缓蚀剂，在机械货物周围挥发出缓蚀气体，从而阻隔腐蚀介质的腐蚀作用，以实现防锈目的。气相防锈剂有气相防锈纸、粉末法、溶液法等。

（二）金属制品的除锈

1. 手工除锈

使用简单工具，手工擦、刷、磨生锈的金属制品，除去锈斑。

2. 机械除锈

使用专用设备进行除锈，常见的设备有滚筒式除锈、抛光机除锈等。

3. 化学除锈

利用能够溶解锈蚀物的化学品清除金属表面的锈迹。

任务实施

第一步：分析化妆品、电子货物、药品在储存期间可能会发生哪些质量方面的变化。

第二步：查阅资料，梳理化妆品、电子货物、药品对仓库温湿度和防尘方面的要求。

第三步：为不同的仓库制定保管养护措施，包括温湿度检测与控制方案，防尘、防静电方案等。

第四步：如需配备环境调节设备，列出需要配备设备的名称和作用。

第五步：制作PPT，小组交流讨论。

任务二　库存盘点

任务引入

武汉仓储园区化妆品仓库原来由百联公司自行管理，现百联公司拟将其化妆品仓库的管理移交给仓储园区的嘉云公司管理，为了厘清化妆品仓库现状，双方需要对库内货物的数量和位置等进行清点、核对。双方原计划在5月18日进行库存盘点，但5月20日是百联公司开展"5·20"促销活动的时间，因此，双方商定另行选择盘点时间为5月27日—5月28日，请根据所学知识制定盘点方案。

任务分析

制定盘点方案，就是要确定盘点方法、安排盘点人员、制定盘点流程和作业的具体时间等，这就需要学习下面的盘点知识。

相关知识

一、盘点作业的概念

盘点作业就是对库存货物的实际数量进行清查、清点的作业。客户将仓储业务外包，最关心的就是库存信息的准确性。而仓库里的货物具有流动性，不断有货物入库、出库，容易产生库存记录与实际货物数量不符的现象，这就需要定期或不定期地对库存货物的数量进行清查、清点。除此之外，通过盘点还可以发现货物质量等其他方面问题。

盘点的主要目的如下。

（一）准确掌握库存数量，保证账实相符

通过清点库存货物数量，修正存货记录与实际存货数量之间的误差。下面介绍造成存货记录与实际库存之间产生误差的原因。

① 库存记录不准确，如发生多记、漏记、误记。

② 库存货物发生丢失、损耗，入库验收与出库复核数量有误。

③ 盘点结果不准确，有漏盘、重复盘、误盘等。

认识库存盘点

（二）计算企业的损益

企业的损益与总库存金额密切相关，而库存金额又与库存量及货物单价有关。因此，为了准确计算企业的实际损益，就必须对现有库存货物的数量加以盘点。

（三）发现仓库管理中存在的问题

通过盘点可以发现是否有货物积压、变质、丢失、损耗过大等现象，通过对盘盈和盘亏原因的分析，可以及时发现仓库管理中存在的问题，及时采取补救措施，提高管理水平。

二、盘点作业的内容

盘点作业主要有以下几方面的内容。

（一）清点库存货物数量

通过清点库存货物数量，核对账面库存信息与实际库存数量是否相符。

（二）检查库存货物的质量

盘点的同时，检查在库货物的质量是否完好，有无腐败变质、超过保质期或有效期、长期积压的货物。

（三）检查货物的保管条件

盘点的同时，检查仓库保管条件是否符合货物保管的要求，如温度、湿度是否符合

要求，卫生条件是否符合要求，堆码是否符合要求，货垛是否稳定等。

（四）检查仓库的安全情况

盘点的同时，检查仓库安全设施是否完好，消防设备和器材是否正常。

三、盘点作业的方法

盘点作业的方法如图 4-3 所示。

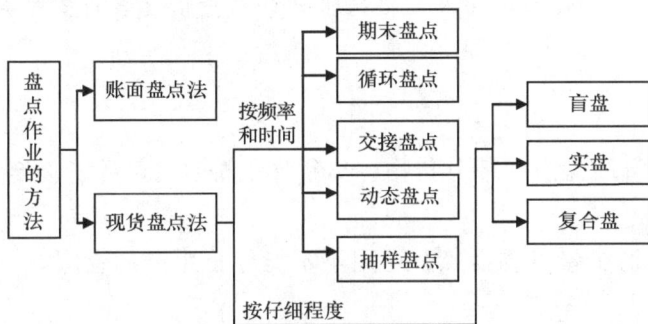

图 4-3 │ 盘点作业的方法

（一）账面盘点法

账面盘点法是指为每种货物设立"存货账卡"，然后将每种货物的出入库数量及相关信息记录在账面上，逐笔汇总出账面库存余额的作业方法，便于随时从账面或计算机中查询出入库记录及库存结余数量。

（二）现货盘点法

现货盘点法是指对实际库存货物进行数量清点的作业方法。

依据盘点频率和盘点时间的不同，现货盘点法有以下几种盘点方法。

1．期末盘点

期末盘点是指在会计计算期末全面清点所有货物数量的方法，又称为全盘。常见的有月度盘、季度盘、年度盘。

特点：期末盘点将仓库内的所有货物一次盘点完，工作量大、盘点要求严格，盘点期间要停止出入库作业，会影响生产，通常是应财务核算要求而进行的盘点。

> **案例**

贝因美集团创始于 1992 年，集团业务包括婴幼儿食品、婴幼儿用品、育婴咨询服务、生命科学和母婴保健、育婴工程、爱婴工程六大模块。近年来，贝因美高层看到了"移动改变生活"带来的销售方式的转变，因此大力拓展线上到线下（Online To Offline，O2O）模式，将线上销售与线下实体进行融合，通过直邮服务让客户享受便捷、轻松的购物。

贝因美安达"鲜享直邮"项目就是一个典型的线上销售、线下配送项目，该项目的订单分别来自天猫、京东、妈妈购3个销售平台，由中国邮政速递物流股份有限公司提供货物调拨入库运输、库存管理、订单受理、拣货包装、发货寄递等物流服务。项目总仓库盘点方案如下。

期末盘点：每月安排两次库存盘点，以确保系统库存信息与实物完全吻合；库存盘点人员由分仓运营人员与贝因美方人员共同完成；盘点时间分别安排在每月的 15 日及当月的月末。

异动盘点：日常库存管理中，仓库运营人员根据当日订单量情况自行安排异动盘点，确保库存完好准确。

2．循环盘点

循环盘点是指在每天、每周盘点一部分货物，一个循环周期将每种货物至少清点一次的方法。

特点：循环盘点一次只对少量货物盘点，适用于不能停止生产的仓库。

案例

某汽车零部件仓库主要存放油泵、仪表和传感器等汽车生产线用的零部件，由于仓库为 24 小时作业，全天候为生产线供应零部件，库存货物会实时变化，而信息系统库存与实物变化有时不能完全同步。为发现实物库存与系统库存不相符的情况，仓库采用循环盘点法，分区盘点，保证每个月完成一个循环。

3．交接盘点

交接盘点是指交接班时的盘点。

特点：交接盘点适用于零售业或对贵重货物的盘点。

4．动态盘点

动态盘点（又称异动盘点或不动不盘）是指每天对有出入库变化的料号或储位进行盘点。

特点：动态盘点工作量小，能及时反映货物数量的变化，可在每天下班前进行。对于 24 小时作业的仓库，后一个班盘点前一个班的异动并查明原因。

5．抽样盘点

抽样盘点是指库存如果有多个品种，抽取其中的几种进行盘点的方法。

特点：抽样盘点选择某些货物进行盘点，可减少盘点的工作量，适用于品种繁多的配件类物资盘点。

根据盘点作业仔细程度的不同，盘点作业可分为以下几种方式。

1．盲盘

打印一个空白盘点表，盘点人员必须仔细对实物进行盘点，并填写盘点表内所有的信息。

2．实盘

将所有货物的信息和数量打印出来，盘点人员只需到现场清点和核对相关信息的准确性，发现差异则注明，留待修订。

3．复合盘

打印货物信息清单，但不写数量，由盘点人员清点货物数量之后如实填写。

以上3种盘点方式的盘点仔细程度不同。盘点作业越细，数据就越准确，但工作量也越大。

课堂活动

某手机仓库的库存货物明细如表4-5所示，按照价值从高到低，将货物分为A类、B类和C类。该仓库的盘点策略：对数量少、价值高的A类货物采用盲盘，然后与系统库存信息进行比对；而对B类和C类货物采用实盘，即盘点表上给出货物编码和数量，然后与实物进行核对。

根据货物价值进行ABC分类

如果发现差异，对于A类和B类货物，检查是否发错货，通过查询料卡上记录的订单号追踪客户，打电话询问客户收到的货物是否有错；而对于C类货物，则不做追踪。如果是出库数量错误，则追究复核员的责任；如果是配件型号错误，则追究拣货员的责任。

请你根据仓库的盘点策略，对表4-5中的货物按价值进行ABC分类，说出哪些货物盲盘，哪些货物实盘。

表4-5　库存明细

货物名称	单价（元）	数量（件）	货物名称	单价（元）	数量（件）
自拍杆	18	200	镜面皮套	75	115
游戏手柄	75	87	原厂皮套	45	120
曲面皮套	65	150	电镀手机壳	40	148
保护后壳	60	100	防爆钢化玻璃膜	15	198
普通贴膜	10	100	时尚超薄外保护套壳	45	120
手机数据线	7.5	200	液晶显示屏	300	90
键盘	390	70	机头	262	80

▌四、盘点作业流程

一般情况下，盘点作业流程如图4-4所示。

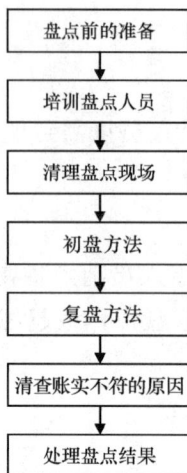

图 4-4 | 盘点作业流程

（一）盘点前的准备

盘点前的准备工作包括确定盘点时间、安排盘点人员、协调相关部门配合、准备盘点用品用具、制订盘点计划书。

盘点计划书是指对盘点时间间隔、仓库停止作业时间、账务冻结时间、初盘时间、复盘时间、人员安排及分工、相关部门配合及注意事项做出详细计划。

盘点人员包括初盘人、复盘人、监盘人、稽核人、数据录入人员等。

盘点需要协调的部门和人员包括财务部、验收小组、采购小组、客服部、销售部、信息小组、总经理以及客户等。

案例

某仓库实施全面盘点，盘点期间禁止物料出入库，需要做好以下协调工作：（1）盘点前要求采购小组通知供应商将货物提前送至仓库收货，以便提前完成验收入库任务；（2）盘点前通知验收小组，要求其在盘点前完成验收质量检验任务，以便仓库及时完成物料入库任务；（3）通知销售部或客户，盘点前及时发货出库，以免影响供应；（4）盘点前仓库账务需要全部处理完毕；（5）盘点前与信息部门沟通好，预计给出最终盘点结果的时间，以便信息部门安排盘点结果的信息录入和库存调整工作。

盘点用品用具包括盘点表、A4夹板、笔、透明胶等。盘点表样式如表4-6所示。

表 4-6 盘点表

盘点日期： 年 月 日			初盘人：		复盘人：
货物名称	货物编号	存放位置	初盘数量	复盘数量	备注

（二）培训盘点人员

培训盘点人员工作包括对所有参与盘点工作人员进行盘点流程的培训，训练盘点方法，对复盘与监盘人员进行认识货物的训练，介绍上次盘点中出现的错误、经验，强调盘点注意事项等。必要时，可以在盘点前组织"模拟盘点"，目的是让所有参加盘点的人员了解和掌握盘点的操作流程和细节，避免出现错误。

（三）清理盘点现场

在盘点开始前，对货位上的货物进行整理归位，同时整理货位标志，鉴定呆料、废料，进行初盘前的预盘。具体包括以下内容。

① 在盘点前，对已验收完成的货物，应及时办理入库；若尚未完成验收程序，应划分清楚，避免混淆。

② 预先鉴定呆料、废品、不良品，以便盘点。

③ 账卡、单据、资料均应整理后再进行结清。

④ 储存场所的管理人员在盘点前，对开口的箱装物料进行预盘，盘点完成后用胶布将箱口封上，并将盘点卡贴在外箱。预盘时应顺便对物料进行归位操作，已经过盘点封箱的物料在需要拿货时一定要如实记录出库信息。

（四）初盘方法

一般按储位的先后顺序和先盘点箱内散件物料再盘点整箱装物料的方式进行盘点，不允许采用同时盘点散件箱与整箱装物料的方法。初盘人所负责区域内的物料一定要全部盘点完成。初盘完成后，初盘人在初盘盘点表上签名。

（五）复盘方法

复盘人首先要对初盘结果进行分析，以便快速制定盘点对策，一般按照先盘点差异大后盘点差异小再抽查无差异物料的方法进行复盘工作。

复盘时要重点查找以下错误：物料储位错误，物料标示库存量单位（Stock Keeping Unit，SKU）错误，物料混装等。复盘出现的问题需要找到初盘人进行确认。

（六）清查账实不符的原因

当出现盘盈或盘亏时，应先分析盘点所得的数据与账簿数据的差异是否在容许误差范围内。若不在容许误差范围内，分析是否由以下几方面原因导致。

① 是否存在出入库数据录入或记账错误。

② 盘点前数据资料是否未结清。

③ 是否存在漏盘、重盘、错盘等情况。

④ 出入库作业是否存在错误。

⑤ 是否存在货物丢失、腐烂、自然损耗过大等问题。

（七）处理盘点结果

追查出差异的原因后，应针对主要原因进行适当的调整与处理；至于呆废品、不良品减价的部分则需与盘亏一并处理。

有些货物除了盘点时产生数量的盈亏，也会在价格上产生增减，这些变化经主管审核后必须利用货物盘点盈亏及价目增减更正表进行修改。

任务实施

第一步：确定盘点方法

本任务是仓库移交，应对库内货物进行 100% 全面盘点，盘点时停止出入库活动。

第二步：确定盘点人员

因为是仓库移交，应在双方同时在场的情况下进行盘点，所以从双方分别抽调人员，组成一对一的盘点小组实施盘点作业（一人用 RF 手持终端扫描，另一人进行复核），盘点过程由双方财务人员全程监督。盘点完成后，对初盘、复盘的结果经双方财务人员核实真实性、准确性后作为库存移交的依据。所需人员数量：库存货物估计有 15 万件，假设盘点效率为每组人员每小时盘点 500 件，则初盘（5 月 27 日）需 30 组人员工作 10 小时，共 60 人；复盘（5 月 28 日）需 10 组人员工作 5 小时，共 20 人。

第三步：明确盘点前的准备工作内容

准备工作在 5 月 27 日之前进行。盘点前的准备工作如下。

（1）对已开封箱内的货物进行清点、封箱并贴上箱唛，以提高盘点当日的盘点效率。

（2）为确保盘点的准确性，建议供货商在初盘当日（5 月 27 日）停止发货一天。

（3）5 月 26 日下班前，将系统内所有出库、入库、退货等各项涉及系统库存变动的内容处理完毕，货物归位，使系统库存和实物处于静止状态，确保次日盘点工作正常进行。

第四步：制定初盘作业方案

根据盘点工作量和盘点作业效率，初盘的具体时间为 5 月 27 日 9 点至 22 点，具体作业计划如下。

（1）8 点 30 分至 9 点，制单员制作盘点任务单。

（2）9 点至 10 点，对所有参加盘点的人员进行培训，并对盘点人员进行分组、分工。双方财务人员对盘点全程进行监督，以确保数据的准确性。

（3）10 点至 20 点正式开展盘点，各盘点小组领取盘点任务，以使用 PDA 逐件扫描的办法进行货物盘点。盘点实施小组在现场对异常情况、突发情况进行处理，确保盘点如期、有序地进行。

第五步：制订复盘作业计划

复盘作业定于 5 月 28 日 9 点至 14 点进行，具体作业计划：9 点至 14 点，对所有参加复盘的人员进行分组、分工，对初盘时出现的差异部分进行复核，若整箱数量存在差异，需进行开箱盘点，最终确定实际数量。双方仓库管理人员和财务人员签字确认盘点结果，作为移交的依据。

任务三　仓库 6S 管理

任务引入

请你利用 6S 管理提高化妆品仓库、电子货物库、药品库的管理水平，制定管理方案。

任务分析

完成该任务，需要了解 6S 管理的内容和要求，为 6S 管理制定评价标准，通过日常巡查保证 6S 管理落地执行。

相关知识

一、6S 管理的概念

整理（Seiri）、整顿（Seiton）、清扫（Seiso）、清洁（Seiketsu）、素养（Shitsuke）、安全（Safety），简称 6S。6S 管理的含义如表 4-7 所示。

表 4-7　6S 管理的含义

整理	将现场货物区分为要用的和不用的，不用的货物处理掉，腾出空间，营造清爽的工作场所
整顿	把要用的货物在指定位置摆放整齐，并做好标志，进行管理
清扫	清扫场地，保持无垃圾、无灰尘、干净整洁的状态
清洁	将整理、整顿、清扫制度化和规范化，保持一个清洁的场所
素养	所有员工养成良好的习惯，并遵守规则做事
安全	安全作业，每时每刻都有"安全第一"的观念，防患于未然

二、6S 管理的内容

（一）做好区、位标志工作，明确责任人

仓库 6S 管理

仓库进行 6S 管理时，首先要用标志线将仓库的各个分区（如收货区、品控质检区、存储区、退货货物存放区、不良品区、发货区、工具存放区、纸箱暂存区、消防区域、垃圾区等）明确标示出来，把通道、货架、货位编码清晰且准确地标示出来，如图 4-5 所示；然后明确每个分区的 6S 管理负责人，使其对本分区的 6S 执行情况负责；最后仓储主管对仓库内的 6S 执行情况负全部责任。

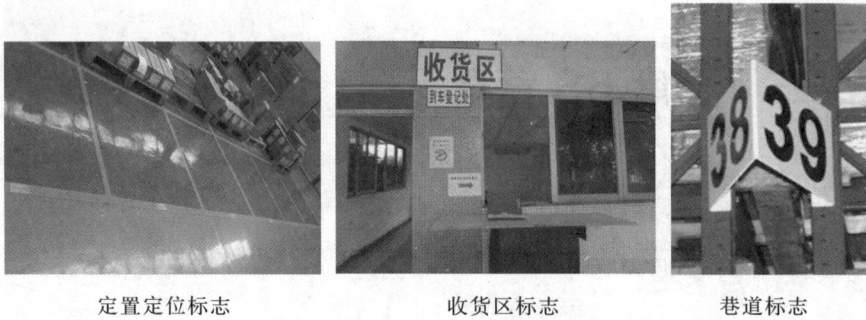

定置定位标志　　　　　　收货区标志　　　　　　巷道标志

图 4-5 | 仓库标志

（二）整理

整理仓库，将库内货物进行区分，有用的合格货物留下，呆料、废料、不用的包装和不用的工具与设备等移到别处。整理的目的：①腾出更大的空间，防止货物混放、错放等；②清除不用的杂物，保持通道畅通，提高工作效率；③减少磕碰的机会，保障安全，提高保管质量。

（三）整顿

将有用的货物按规定分类摆放在固定位置，并将摆放的位置加以标示，以便于寻找，如图 4-6 所示。整顿的目的：①杜绝货物混放乱放，消除因混放而造成的差错；②使工作场所一目了然，便于目视化管理；③创造一个整齐的工作环境，缩短寻找货物的时间，提高工作效率。

货架定置摆放　　　　　　设备定置摆放

文件定置摆放　　　　　　过道无杂物

图 4-6 | 整顿后的效果

（四）清扫

将仓库内所有的地方，包括地面、墙面、天花板、货架、货物表面、工作台等进行清扫，对设备、器具进行清扫、润滑，对有损害的货物及时进行修理。清扫的目的：提供一个清洁、专业的仓储环境，减少灰尘对货物的影响，清除垃圾杂物，维护作业安全，保障储存环境的质量。

（五）清洁

将整理、整顿、清扫工作制度化、规范化。经常性地做整理、整顿、清扫工作，并对以上 3 项工作采取定期与不定期巡查监督的措施，目的是巩固整理、整顿、清扫工作的成果，保证仓储环境在任何时候都处于整齐、干净的状态。

（六）素养

持续加强管理，直到每位员工养成整洁有序、自觉遵守的好习惯。开展 6S 管理容易，但长时间的维持必须依靠员工良好的素养，通常通过制定标准和制度、利用培训、班前会等进行宣贯。

（七）安全

强化员工的安全意识，防患于未然，营造一个安全的生产环境。其主要手段有制定严格的操作规程，完善各种安全制度，对危险区域加以标示，员工进入仓库要戴安全帽、穿安全鞋，仓库配备必要的消防、防盗设备等。

任务实施

第一步：制定 6S 管理的目标

通过 6S 管理实现库容整齐、环境干净、货物堆放地点合理、标志明显等目的，营造一个作业效率高，人员、货物和设备安全的工作环境。

第二步：区域标志，明确责任人

正确使用标志线标示仓库的各个分区，绘制区域标志平面图，明确各个分区的 6S 管理责任人和仓储经理的 6S 管理责任。

第三步：对仓库实施 6S 管理

针对一个具体仓库，制定 6S 管理的具体执行标准。

整理：区域内不得存放非本区域的货物，空托盘需归位到空托盘区域内存放，操作台上只放置计算机、单据、电子秤等工作必需品，严禁放置水杯、帽子等，消防区域、消防通道无杂物，灭火器按区域摆放。

整顿：托盘货物码放整齐，摆放平行，标志向外；叉车、手推车在指定位置停放时必须方向一致、姿态一致；饮水区的杯子，在使用完毕后必须放回柜中；安全帽不用时挂在指定区域，不得随意乱放。

清扫：地面无散落的单据、包装物料、胶带等垃圾。存储的货物表面无灰尘，门窗开关正常，设备、器具无故障。

清洁：整理、整顿、清扫工作有制度、有规范，做到各区域定人管理，定期进行清洁保养。现场货物分区存放，各类工具定置定位摆放，文件、单据摆放整齐等。

素养：员工自觉遵守6S管理制度，积极参加6S管理活动，主动维护6S管理成果。

安全：员工安全意识强，进入工作现场时工服、工帽穿戴整齐，作业轻拿轻放，正确操作设备，注意用电用水，做到人离关灯、关电。

第四步：制定仓库巡查制度，检查6S管理的效果

仓库巡查表如表4-8所示。

表4-8　仓库巡查表

序号	项目	不符合要求（0分）	基本符合要求（5分）	完全符合要求（10分）
1	库区和库内地面无杂物			
2	货物按照规划区域摆放			
3	货物码放整齐			
4	区域标志和定置线醒目、完整			
5	设备、用品、用具定置定位摆放			
6	设备每日检查、定期点检和保养			
7	货架货位标志齐全			
8	货物包装完好，物料无散落			
9	仓库通道通畅，无阻滞			
10	仓库门、窗状况良好			
11	仓库照明设备完好、安全			
12	仓库无"四害"（即苍蝇、蚊子、老鼠、蟑螂）侵袭痕迹			

拓展学习

请扫描右侧二维码，学习拓展案例，回答问题。

二维码

课后实训

实训一　货物保管与养护

某物流公司有3个仓库，1号仓库存放银行交易档案材料（纸质），2号仓库存放汽车轮胎，3 号仓库存放棉、毛织品，请完成以下任务。

（1）分析库存货物会发生哪些质量变化，以及影响质量变化的因素。

（2）列出库存货物适宜的环境要求。

（3）分别为 3 个仓库制定保管养护方案。

实训二　库存盘点

实训室有 3 个模拟仓库，分别为散件库、整箱库和电子标签库，其中部分模拟货物外包装有水湿、破损等问题。在实训室对 3 个仓库的库存货物进行一次全面盘点，采用盲盘方式，请完成以下任务。

（1）分小组制订盘点计划书，包括盘点时间、盘点人员安排、需要协调哪些部门、准备哪些用品用具。

（2）分小组模拟培训盘点人员，讲解货物编码、货位编码、货物质量鉴别、计量单位、盘点方法和流程等。

（3）对 3 个仓库的货物进行初盘，填写盘点表；发现有质量问题的货物，在备注栏内注明问题，如水湿、破损等。

（4）将初盘结果与系统结果进行比对，标出有差异的地方。

（5）复盘，标注有差异的部分货物，然后抽查其他货物，将复盘结果与初盘人确认，纠正差错。

课后练习题

一、单选题

1. 氯化钙由于吸收空气中的水分造成的结块现象属于（　　　）。

　　A．物理变化　　　　B．化学变化　　　　C．生化变化　　　　D．机械变化

2. 下列说法不正确的是（　　　）。

　　A．肥皂在酸性溶液中能全部水解，而在碱性溶液中却很稳定

　　B．蛋白质在碱性溶液中易发生水解，在酸性溶液中却比较稳定

　　C．羊毛等蛋白质纤维怕碱不怕酸，棉纤维则在酸性溶液中易发生水解，降低纤维的强度

　　D．易发生氧化的物质，如棉、麻、丝、毛等纤维织品、橡胶制品、油脂类货物，应储存在干燥、不通风与保温的库房

3. 对实际库存货物进行数量清点的盘点方法是（　　　）。

　　A．账面盘点法　　B．现货盘点法　　　C．盲盘　　　　　　D．实盘

4. 某服装仓库 24 小时运转，不能停止，实现一次只对少量货物盘点的盘点方式是（　　　）。

　　A．期末盘点　　　　B．循环盘点　　　　C．交接盘点　　　　D．动态盘点

5. 适用于零售业或对贵重货物的盘点方式是（　　　）。

    A. 期末盘点　　　　B. 循环盘点　　　　C. 交接盘点　　　　D. 动态盘点

6. 不受温度影响的物理变化是（　　　）。

    A. 挥发　　　　　　B. 潮解　　　　　　C. 熔化　　　　　　D. 凝固

7. 仓库的盘点策略为：对于数量少、价值高的 A 类货物，适合采用（　　　），然后与系统库存信息进行比对。

    A. 盲盘　　　　　　B. 实盘　　　　　　C. 复合盘　　　　　D. 动态盘点

8. 仓库中对货架、文件、设备定置放置体现了 6S 管理原则中的（　　　）。

    A. 整理　　　　　　B. 整顿　　　　　　C. 清扫　　　　　　D. 素养

9. 下列适用于品种繁多的配件类物资盘点的方法是（　　　）。

    A. 交接盘点　　　　B. 动态盘点　　　　C. 复合盘　　　　　D. 抽样盘点

10. 为了节省空间，防止误发误用和积压变质，提高管理质量和管理效率而进行的"区分要与不要"的活动是（　　　）。

    A. 整理　　　　　　B. 整顿　　　　　　C. 清扫　　　　　　D. 清洁

二、多选题

1. 下列属于温湿度控制方法的有（　　　）。

    A. 通风　　　　　　B. 密封　　　　　　C. 除湿　　　　　　D. 加湿

2. 下列属于盘点作业主要内容的有（　　　）。

    A. 货物数量　　　　B. 货物质量　　　　C. 货物的保管条件　D. 仓库安全情况

3. 下列选项属于生化变化的有（　　　）。

    A. 呼吸　　　　　　B. 发芽　　　　　　C. 胚胎发育　　　　D. 后熟

4. 下列属于可以遏制霉腐微生物生长的条件有（　　　）。

    A. 温度　　　　　　B. 湿度　　　　　　C. 空气　　　　　　D. 阳光

5. 根据盘点作业仔细程度的不同，盘点作业可以分为（　　　）。

    A. 盲盘　　　　　　B. 实盘　　　　　　C. 复合盘　　　　　D. 动态盘点

6. 在仓储管理活动中实施 6S 管理可产生的结果有（　　　）。

    A. 减少浪费　　　　B. 降低效率　　　　C. 保证质量　　　　D. 树立企业形象

7. 下列对于仓库温度变化规律的描述，正确的有（　　　）。

    A. 在气温逐渐升降时，库温也随之逐渐升降，库温主要随气温变化而变化

    B. 库温变化的时间总是落在气温变化之后 1～2 小时

    C. 一般夜间库温低于气温，白天库温高于气温

    D. 库温的变化幅度一般比气温的变化幅度小

8. 金属制品锈蚀的防治措施包括（　　　）。

    A. 密封法防锈蚀　　　　　　　　　　B. 低温冷藏防锈蚀

    C. 涂油防锈蚀　　　　　　　　　　　D. 化学药剂防锈蚀

9. 在温度不变的情况下，空气的绝对湿度与相对湿度之间的关系可以描述为（　　　）。

A. 绝对湿度越大，相对湿度越高　　　B. 绝对湿度越大，相对湿度越低

C. 绝对湿度越小，相对湿度越高　　　D. 绝对湿度越小，相对湿度越低

10. 下列货物能吸收空气中的水蒸气及水分，即易吸潮的货物有（　　　）。

A. 衣服　　　　B. 茶叶　　　　C. 粮食　　　　D. 香皂

三、判断题

1. 对于虫害的防治，除了做好环境卫生，进行药物防治，还可采用紫外线、微波、辐射、高温、低温、缺氧以及合成激素杀虫等方法。　　　　　　　　　　　　（　　　）

2. 在一定气压、气温的条件下，单位体积空气中所含有的最大水蒸气重量，称为相对湿度。　　　　　　　　　　　　　　　　　　　　　　　　　　　　　　　　（　　　）

3. 在货物的保管过程中，当库外温度和绝对湿度低于库内，但相对湿度稍高时，不可进行通风散湿。　　　　　　　　　　　　　　　　　　　　　　　　　　　　　（　　　）

4. 易燃货物暴露在空气中时，可以依靠自身的分解和氧化产生热量，使其温度升高，从而自燃。　　　　　　　　　　　　　　　　　　　　　　　　　　　　　　　（　　　）

5. 库区管理的 6S 管理，即整理、整顿、清扫、清洁、素养、安全这 6 项活动，安全是前 5S 管理的继续，素养是前 4S 管理的继续和升华。　　　　　　　　　　　（　　　）

6. 全盘要求关闭仓库，全面清点，避免盘点中的疏漏，使盘点结果能获得准确的数字。　　　　　　　　　　　　　　　　　　　　　　　　　　　　　　　　　　（　　　）

7. 一般来说，仓库温度的变化总是在气温的变化之后，一般是日出前的瞬间仓库温度最低，而下午 14 时库温最高。　　　　　　　　　　　　　　　　　　　　　　（　　　）

8. 盘点是对仓库现有货物的实际数量与保管账上记录的数量进行核对，检查有无残缺和质量问题，以便准确地掌握货物保管数量，进而核对金额，保证储存货物达到账、物、卡相符的重要措施。　　　　　　　　　　　　　　　　　　　　　　　　　　（　　　）

9. 霉腐现象的防治在于通过药剂毒杀霉菌和改变调节生存环境，从而抑制其生长和繁殖能力。　　　　　　　　　　　　　　　　　　　　　　　　　　　　　　　（　　　）

10. 盘点就是定期或临时对库存货物的实际数量进行清查、清点的作业。（　　　）

四、简答题

1. 简述 6S 管理的基本内容。

2. 阐述货物养护的基本措施。

3. 阐述盘点的主要目的。

项目五
货物出库作业

学习目标

1. 知识目标

（1）掌握出库前准备工作内容及出库要求。

（2）掌握出库作业一般流程和工作方法。

（3）掌握出库异常问题及其处理方法。

2. 能力目标

（1）知道如何做出库准备，并能做相应工作。

（2）能按出库流程完成出库作业。

（3）能识别出库凭证问题，正确处理出库异常问题。

出库作业是指根据业务部门或存货单位开具的出库凭证，从审核出库凭证开始，进行备货、复核、包装，直到把货物交给要货单位或发运部门的一系列作业过程。出库作业直接面对下游运输单位和货物使用单位，要求必须准确、及时、保质保量地将出库货物交给运输单位和货物使用单位，避免发错货。货物出库一般经过出库前准备、出库作业、出库异常处理 3 个阶段，如图 5-1 所示。

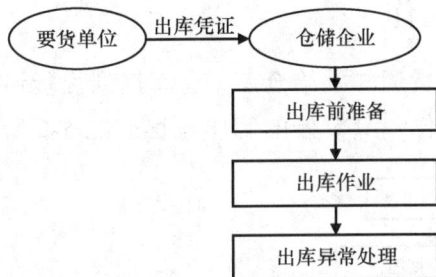

图 5-1 | 出库流程

出库作业概述

任务一　　出库前准备

任务引入

武汉仓储中心接到通知，需要调拨一批货物到郑州配送中心，调拨货物明细如表 5-1 所示，郑州配送中心要求将唇笔、唇膏拼成一箱进行包装，其余货物单独包装，配送中心将于第二天上午 10 点 30 分派出车辆前来提货，请你根据要求制定库准备工作方案，并说明该出库属于哪一种出库方式，列出出库的注意事项。

表 5-1　调拨货物明细

序号	货物名称	提货数量	包装规格	提货时间
1	洗发露	900 件	16 件/箱	10:30
2	洁肤乳	750 件	12 件/箱	10:30
3	滋润乳霜	530 件	6 件/箱	10:30
4	沐浴露	710 件	12 件/箱	10:30
5	唇笔	98 件	288 件/箱	10:30
6	唇膏绯红	80 件	288 件/箱	10:30
7	唇膏魅紫	80 件	288 件/箱	10:30

任务分析

要完成上述任务，需要了解出库前准备的工作内容，掌握出库工作的要求。

相关知识

一、货物出库前的准备工作

要货单位一般会提前一天将提货通知发给仓库，仓库接到提货通知后，需要制订出库作业计划，做好出库前的准备工作。其具体的工作流程如图 5-2 所示。

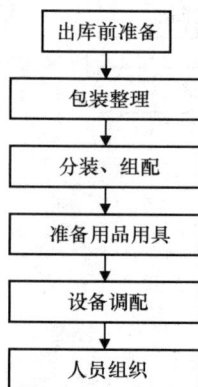

```
出库前准备
   ↓
包装整理
   ↓
分装、组配
   ↓
准备用品用具
   ↓
设备调配
   ↓
人员组织
```

图 5-2 ｜ 出库前准备工作流程

出库前的准备

（一）包装整理

货物经过运输、装卸、搬运、堆码、倒垛、拆检等作业，部分包装会出现受损、标志脱落等现象。在出库前，检查货物包装状态是否良好，若有受损、不适宜运输的货物，应进行加固或者更换包装处理。

（二）分装、组配

根据要货单位需求，有些货物可能需要拆零后出库，仓库应事先做好相应准备，备足零散货物，以免因临时拆零影响出库发货时间；也有些货物可能需要在出库前进行拼箱，仓库应事先做好拣选、分类、整理和组配等工作。

（三）准备用品用具

有装箱、拼箱或改装业务的仓库，发货前可根据自身库存货物的性质及运输要求，准备好包装材料、衬垫物，制作包装标志用的器具、标签、颜料，以及封箱用的胶带、箱钉、剪刀、打包带等。

（四）设备调配

准备出库发货需要用的场地、装卸搬运设备，以便出库货物的搬运和装载。

（五）人员组织

为保证出库作业与运输作业紧密衔接，应事先对出库作业做合理组织，安排好作业人员，保证出库作业顺利进行。

二、货物出库的基本要求

（一）按凭证发货

仓库应依据要货单位开具的提货单或调拨单发货，提货单或调拨单的格式可能不尽相同，但都必须符合财务制度要求，具有法律效力。无有效的出库凭证，仓库不得擅自发货。

（二）遵循先进先出原则

根据货物入库时间，先入库的货物先出库，防止货物在库时间过长，形成呆滞货物。对于有保质期或有效期的食品类、保健品类、药品类货物，或者市场寿命周期较短的电子类货物，更应严格遵守先进先出原则出库。

（三）严格遵守各项出库规章制度

严格按照仓库的各项出库规章制度办事。例如，发货货物必须与提货单、领料单、调拨单所列货物明细一致；未通过验收的货物、有问题的货物均不能出库；货物出库检验与入库检验的方法应保持一致等。

（四）贯彻"三不""三核""五检查"的原则

1．三不

未接凭证不翻账，未经审核不备货，未经复核不出库。

2．三核

发货时，要核对凭证、核对账卡、核对实物。

3．五检查

出库时，要对出库凭证和实物进行品名检查、规格检查、件数检查、重量检查、包装检查。

（五）提高服务质量，满足用户要求

出库作业要做到安全、及时、准确，出库货物要保质、保量。仓库要防止出现差错事故，尽量为客户提货创造各种便利条件，协助客户解决各种问题。

三、货物出库的方式

货物出库方式包括送货上门、客户自提、代办托运、过户、转仓、取样，各自的含义如表5-2所示。

表5-2 货物出库方式

出库方式	描述
送货上门	仓库根据客户的要求派出车辆和人员,将出库凭证所列的货物直接运送到客户指定地点
客户自提	客户自派车辆和人员持提货单（领料单）到仓库直接提货
代办托运	仓库受客户的委托为客户办理货物托运时,依据货主开出的出库凭证上所列货物的品种、质量、数量和批次等,办理出库手续,通过第三方运输部门把货物发运到客户指定地点
过户	过户是一种就地划拨的形式,货物虽没有出库,但是所有权已经从原货主转移到新货主,仓库必须根据原货主开出的正式过户凭证,办理过户手续
转仓	转仓也叫移库,指货主为了业务方便或改变货物储存条件,需要将某批库存货物从某库转移到另一个库,仓库必须根据货主开出的正式转仓票,办理转仓手续
取样	货主出于对货物质量检验、样品陈列等需要,到仓库提取货样,仓库根据正式取样凭证予以发给样品,并做好账务记载

任务实施

第一步：仓储中心信息组接到调拨通知后，进行库存查询，生成出库通知单，如表5-3所示。

表5-3 出库通知单

出库单位：武汉仓储中心   出库日期： 年 月 日

序号	货物编码	货物名称	出库数量	包装规格	备注
1	32222	洗发露	900件	16件/箱	
2	22857	洁肤乳	750件	12件/箱	
3	27021	滋润乳霜	530件	6件/箱	
4	29613	沐浴露	710件	12件/箱	
5	39893	唇笔	98件	288件/箱	
6	98075	唇膏绯红	80件	288件/箱	
7	25680	唇膏魅紫	80件	288件/箱	

审核人：李阳   提货单位：郑州配送中心

第二步：信息组将出库通知单下发给出库组，出库组接到通知后，清点拣货区内货物数量，并进行包装检查，发现有2箱洗发露包装破损，需要重新包装，做包装准备。

第三步：分析分装和组配要求。根据调拨要求，部分货物需要拆零后出库，部分货物需要组配，做分装和组配准备。

第四步：拣货完成后，出库货物需由人力用托盘搬运到出库待运区，准备设备，安排搬运人员。

第五步：制定出库前准备方案。

（1）制定包装方案，根据分装、组配和重新包装要求，列出需要准备多少包装箱、衬垫物料，准备哪些封箱用品用具等。

（2）列出需要准备哪些搬运设备，安排哪些人员。

第六步：呈现结果，班内交流。

任务二　出库作业

任务引入

上午 10 点 30 分，郑州配送中心的运输车辆到达，办理完相应手续后，提货人员携调拨单前来提货，请模拟办理出库作业。

任务分析

仓库管理人员需要掌握出库作业流程，按照出库作业流程办理出库作业。

相关知识

出库作业的一般流程如图 5-3 所示。

核单 → 备货 → 复核 → 包装刷唛 → 点交 → 登账 → 清理

出库作业

图 5-3 | 出库作业流程

一、核单

仓库接到出库凭证后，必须对出库凭证进行审核。审核的内容如下。

① 审核出库凭证的合法性、真实性。

② 核对货物的名称、型号、规格、单价、数量和提货日期等有无错误。

③ 检查出库凭证有无涂改、污损现象。

④ 核对签章、提货人身份等。

审核无误后方可组织出库作业，否则应拒绝发货。

二、备货

审核完出库凭证后，出库人员应按照出库凭证上所列货物到相应库位对货取货，若指定了发货批次，则按照发货批次发货；若没有规定，则按照先进先出原则发货。取出的货物搬运到待发货区等待发运。备好的货物还应附带必要的质量证明文件、装箱单等，机电设备还应附带货物说明书、合格证等，药品应附带检验报告等。

三、复核

为保证出库货物与出库凭证所列货物相符，避免发错货，备货后应立即进行复核。复核的内容如下。

① 检查待出库货物的名称、规格、型号、批次、数量等是否与出库凭证所列内容一致。

② 检查出库货物的外观质量是否完好。

③ 检查包装是否符合要求。例如，易损品是否有衬垫物，易受潮货物包装是否严密，运输标志是否清晰，收货人、到站、箱号、危险品标志、易碎品标志等是否齐全且清晰。

④ 检查货物随附文件、单证是否齐全。每件包装都有装箱单，装箱单所列货物是否与实物相吻合等。

根据出库货物数量、复核工作复杂程度以及仓库的规模，复核工作可以选择以下不同的方式进行。

① 专人复核。仓库规模较大、分工较细时，可设置专职复核员，专门负责出库货物的复核工作。专职复核员与出库员共同对出库货物的质量、数量、正确性负责。这种方式有利于提高复核工作效率，适用于出库量大的综合型仓库。

② 保管员互核。保管员互核又叫交叉复核，两名保管员交叉对对方的出库货物照单复核，复核后在对方出库单上复核人员一栏签名，与对方共同承担责任。这种方式更容易发现问题，适用于出库货物种类繁多的仓库。

③ 自我复核。出库员对自己所发货物进行复核，对自己所发货物的数量、质量、正确性负责。这种方式适用于专业化程度高，或存储货物品种比较单一、同一品种发货量较大、仓库人员比较紧张的情况。

四、包装刷唛

出库货物的包装如果不能满足运输部门或用户的要求，应在出库前进行重新包装。

包装应该根据货物的外形特点，选择适宜的包装材料，包装尺寸要便于货物的装卸和搬运，符合货物运输要求，同时要注意性质相抵触和会产生相互影响的货物不能混装在一起。

刷唛是在外包装上刷印各种标志。例如，对于易碎品，外包装应刷红杯标志；怕潮、怕雨淋货物，外包装应刷防湿标志；有堆码限制的货物，外包装应刷堆码极限标志等。外包装标志如图 5-4 所示。

图 5-4 | 外包装标志

刷唛时应注意的事项如下。

① 置唛应在外包装的两头，图像、字迹清晰，不错不漏。

② 旧包装重复使用的，应清除原标志。

③ 如要在外包装上粘贴标签，粘贴要牢固。标签上主要印有收货单位名称、到站、发货总件数、箱号、发货单位等信息。

五、点交

货物经复核后，将出库货物及随行证件逐笔向提货人或运输司机按照出库凭证所列货物内容逐件当面点交，划清责任。点交完毕，出库员应会同提货人或运输司机在出库单、运输单证上签字，并留存单证。

六、登账

点交后，仓库管理人员应审核出库凭证，做好出库记录，根据自留的一联出库凭证登记实物明细账。登账一定要随发随记，日清月结。在实际操作中，可以先登账后付货，也可以先付货后登账。

七、清理

货物发运之后，仓库管理人员要做好库内清理工作，包括现场清理，以及销账、存档。

现场清理：根据存储规划要求，对库存货物进行并垛、移位、腾整货位整理，以备新来货物使用，对腾出的货位进行卫生清理，调整货位上的吊牌，保持物资的账、卡、物一致等。

销账、存档：发货完毕，应及时将出库货物从保管账目上核销，将留存的出库凭证、货物单证资料、相关记录等归档，将已经空出的货位在库位图上标注出来。

任务实施

第一步：核单

仓库管理人员审核提货人提交的调拨单（见表 5-4）上的提货人、货物名称、提货数量、包装规格等信息是否准确，审核提货单位签章是否清晰、合法、有效。

表 5-4　调拨单

调出仓库：武汉仓储中心　　　　　年　月　日　　　　　调入仓库：郑州配送中心

序号	货物名称	提货数量	包装规格	提货时间
1	洗发露	900 件	16 件/箱	10 点 30 分
2	洁肤乳	750 件	12 件/箱	10 点 30 分
3	滋润乳霜	530 件	6 件/箱	10 点 30 分
4	沐浴露	710 件	12 件/箱	10 点 30 分
5	唇笔	98 件	288 件/箱	10 点 30 分
6	唇膏绯红	80 件	288 件/箱	10 点 30 分
7	唇膏魅紫	80 件	288 件/箱	10 点 30 分

调入单位：（签章）　　　　　　调出单位：（盖章）　　　　　　提货人：

第二步：备货

审核调拨单无误后，仓库管理人员审核财务收费凭证，生成出货单，如表 5-5 所示，拣货人员按照出货单到拣货区提取货物，集中搬运到待发货区。

表 5-5　出货单

备货单号：C3509259368　　　　　　出货日期：　　年　月　日

收货单位：郑州配送中心　　　　　　提货人：　　　　　联系电话：

序号	货物编码	货物名称	包装规格	订货数量	实发数量	备注
1	32222	洗发露	16 件/箱	56 箱+4 件		
2	22857	洁肤乳	12 件/箱	62 箱+6 件		
3	27021	滋润乳霜	6 件/箱	88 箱+2 件		
4	29613	沐浴露	12 件/箱	59 箱+2 件		
5	39893	唇笔	288 件/箱	98 件		
6	98075	唇膏绯红	288 件/箱	80 件		
7	25680	唇膏魅紫	288 件/箱	80 件		

备货人：　　　　　　　复核人：　　　　　　　提货人：

第三步：复核

备好货物后，安排专人进行出库复核，核对相关单据，核对实物是否和出库单据所列内容相符。

第四步：包装刷唛

为包装破损的货物更换包装，用胶带封箱，贴上运输标签。对需要拼箱的货物，实施拼箱操作，用胶带封箱，贴上运输标签。

第五步：点交

复核完成后，仓库人员和提货司机进行点数交接，并在出货单上填写实发数量，双方分别在调拨单和出货单上盖章、签字。

第六步：登账

点交后，仓库管理人员填写料卡，将出库货物登记到仓库明细账上。

菜鸟仓出库作业

第七步：清理

清理库内相应库位，进行并垛、移位、腾整货位整理，以备安放新的货物。

任务三　出库异常处理

任务引入

为改进服务质量，武汉仓储中心每月进行一次出库异常情况统计分析，表 5-6 是5 月份的异常情况统计。作为仓库管理人员，请你给出每个异常事件的处理措施，对异常事件产生的原因进行分析，说明仓库可以采取哪些措施避免或减少这些异常事件的发生。

表 5-6　某成品库出库异常情况统计

序号	料号	数量	异常事件及损失描述	异常事件处理措施	原因分析	预防措施
1	6657076	1 箱	出库时被叉车叉破，货物报废，损失 320 元			
2	6543342	15 箱	出货时出错库位，将料号 6543342 出成料号 6543326			
3	4046322	1 托	叉车转弯速度过快，造成托盘倒货，部分货物报废，损失 1 280 元			
4	4046324-HC	52 箱	出错货，将料号 4046324-HC 出成料号 4046215-HC			
5	23456789	4 箱	23456789 应出 2 箱，实际多出 2 箱			

续表

序号	料号	数量	异常事件及损失描述	异常事件处理措施	原因分析	预防措施
6	11147590	99箱	发错货，造成生产损失8 800元			
7	6544621	75箱	XP00G与XP00R两处库位，不按操作规定双层叠垛，导致货垛倒塌，撞到铁栏杆旁的叉车上，致使货物受损，经济损失10 903元			

任务分析

本任务中列出的出库异常事件是出库作业中比较常见的事件，仓库管理人员应该对可能发生的出库异常事件预先制定应对措施，事后分析产生的原因，经过总结和反思，提出今后的预防措施。

相关知识

出库异常处理

一、出库凭证审核中的问题处理

出库凭证审核中遇到的问题及处理方法如表5-7所示。

表5-7　出库凭证审核中遇到的问题及处理方法

问题	处理方法
出库凭证超过提货期限	客户前来提货，凭证超过期限，必须先办理相关手续，按规定缴纳逾期保管费后方可发货
出库凭证有疑点或者情况不清楚	及时与制单员联系，查明情况予以更正
出库凭证有假冒、复制、涂改情况	及时与仓库保卫部门联系，触犯法律的移交公安机关处理
出库凭证有问题，如抬头、印章不符	及时与提货单位联系，说明情况，予以更正
客户遗失出库凭证	由提货单位出具证明，到仓储部门办理挂失
货物进库未验收，或要提取未入库的货物	暂缓发货，通知提货单位，待货到并验收之后再发货

二、串发货和错发货的处理

串发货和错发货是指由于发货人员操作失误，将错误的货物或错误的数量发给客户。如果货物尚未离开仓库就被发现有问题，如在复核阶段发现，则应组织重新取货发货。如果货物已经离开仓库，仓库自行发现错误的，保管人员应如实向主管领导和收货单位通报串发货或错发货的货物名称、规格、数量等信息，与客户协商解决。如果是客户反映货物规格混串、数量不符的，仓库应及时进行确认，若属于仓库发货错误的，应致歉并立即纠正。一般在无直接经济损失的情况下，与客户协商退换货；如果造成经济损失，则应按照赔偿损失单据进行赔偿。

三、包装破损问题的处理

包装破损是指在仓库出库作业过程中，由于操作失误造成外包装破损。出现这种问题时，若内件货物质量不受影响，更换包装后再发货；若内件货物损坏或泄露，损失由仓库部门承担。

四、漏记账和错记账问题的处理

漏记账是指在出库作业中，由于没有及时核销明细账而造成账面数量多于或少于实存数量的情况。错记账是指在货物出库后，核销明细账时，核销货物名称或数量与实际发货不符，从而造成账实不符的情况。

一旦发现漏记账和错记账情况，应及时向公司汇报，根据出库凭证查明错误原因，调整保管明细账，使账实相符。如果因漏记账和错记账给货主单位造成损失，应给予经济赔偿，追究相关责任人的责任。

任务实施

第一步：针对每个异常事件给出处理措施

造成货物报废的，应按照经济损失，给予赔偿；出错货的，没有造成经济损失，与客户协商退换货；多发货的，应要求客户退货；发错货，造成生产延误，产生经济损失的，应给予赔偿。将处理措施填到表5-6中。

第二步：对异常事件产生原因进行分析，提出今后预防措施

表5-6中，事件1、事件3属于叉车操作失误造成的异常事件，叉车操作人员应加强培训，强化安全意识，提升叉车操作技能，严格遵守叉车作业规范。

表5-6中，事件2、事件4、事件5属于拣货、复核操作失误，复核人员没有仔细核对，没能及时发现差错。仓库管理人员应该改进拣货环节的作业质量，加强复核人员责任意识，运用培训、考核、奖惩等措施改进作业质量。

经查，事件6是编号为XP00H37100库位的码垛板放错位置，导致发错货。仓库管理人员应追究存储人员的责任，可通过加强仓库日常巡查和盘点，及时发现该类错误。

事件7属于不按照堆码限制作业，超限堆码导致货物倒塌事故，仓库管理人员应追究入库人员责任，将堆码要求、堆码方法等贴在墙上，严格要求仓库人员按照规范作业。

请扫描二维码，学习拓展案例，回答问题。

拓展
学习

二维码

课后实训

出库作业

在实训室，将表 5-8 中的货物出库，并填写表 5-9 所示的存货（料）卡，当该品种货物库存数量低于 20 件时，发出存量预警。

表 5-8　出库单

货物名称	货物编码/条码	出库数量（箱）
面纸	6924563016518	70
矿泉水	6924564612825	90
硫黄皂	6902083894757	50
抽纸	6924564012456	50
小花朵碗	6921168509256	50
小塑料碗	6902083885324	50
清洁球	6902083883133	100
玻璃杯	6902083881405	30
打火机	6925461515158	50
保鲜盒	6932010061808	100

表 5-9　存货（料）卡

名称：　　　　　　　　规格：　　　　　　　　单位：

最高存量：　　　　　　最低存量：　　　　　　标准订购量：

日期		摘要	凭证号数	入库数量	出库数量	结存数量
月	日					

日期		摘要	凭证号数	入库数量	出库数量	结存数量
月	日					

课后练习题

一、单选题

1. 由收货人或其代理持取货凭证直接到库取货，仓库凭单发货的出库方式属于（　　）。

  A．送货上门　　　B．客户自提　　　C．过户　　　　D．转仓

2. 发货人员由于对货物种类规格很不熟悉，或者在工作中出现疏漏，把错误规格、数量的货物发出库的情况属于（　　）。

  A．串发货和错发货　　　　　　B．漏记账

  C．错记账　　　　　　　　　　D．重复发货

3. 在发货过程中，如果货物包装破漏，发货时应经过整理或更换包装，方可出库，否则造成的损失应由（　　）承担。

  A．收货人　　　B．仓储部门　　　C．验收人员　　　D．运输单位

4. 出库程序包括核单、备货、复核、（　　）、点交、登账、清理等过程。

  A．检验　　　　B．计价　　　　　C．包装刷唛　　　D．清理现场

5. 客户自提是由要货单位凭（　　），自备运输工具到仓储企业取货的一种方式。

  A．出库凭证　　B．入库凭证　　　C．提货单　　　　D．出库通知单

6. 过户是一种就地划拨的出库形式，货物虽未出库，但是（　　）已从原货主转移到新货主。

  A．所有权　　　B．使用权　　　　C．存储权　　　　D．管理权

7. 仓库管理部门备完货后，到运输单位办理货运手续，通过承运部门将货物运送到客户所在地，然后由其去提取，这种出库方式是（　　）。

A．送货上门　　　B．代办托运　　　C．转仓　　　　D．过户

二、多选题

1．货物出库要求做到"三不""三核""五检查"，其中"三核"是指在发货时要核实（　　　）。

　　A．凭证　　　　　B．账卡　　　　　C．实物　　　　　D．货物质量

2．出库的具体形式主要有（　　　）。

　　A．客户自提、送货上门　　　　　　B．代办托运、过户

　　C．取样和转仓　　　　　　　　　　D．按合同出货

3．货物出库必须符合有关规定和要求，做到"三不""三核""五检查"，其中"三不"是指（　　　）。

　　A．未接单据不翻账　　　　　　　　B．未经审核不备货

　　C．未经复核不出库　　　　　　　　D．未有领导指令不行动

4．出库前的准备工作包括（　　　）。

　　A．包装整理货物

　　B．货物的分装、组配

　　C．包装材料、工具和用品的准备

　　D．对出库凭证的仓容及装卸机具的安排调配

5．对出库凭证进行审核的主要内容有（　　　）。

　　A．审核出库凭证的合法性与真实性

　　B．检查出库凭证有无涂改、污损现象

　　C．核对货物的名称、型号、规格、单价、数量、提货日期等

　　D．核对签章、提货人身份

6．仓库应依据要货单位开出的有效凭证出库，无有效的出库凭证，仓库不得擅自发货。下面属于有效凭证的是（　　　）。

　　A．提货单　　　　B．调拨单　　　　C．转仓单　　　　D．领料单

7．货物经复核后，将出库货物及随行证件逐笔向提货方按照出库凭证所列货物内容逐件当面点交，划清责任。点交完毕，应会同（　　　）在出库单、运输单证上签字，并留存单证。

　　A．出库员　　　　B．仓库保管员　　　C．提货人　　　　D．主管

8．下列属于"五检查"的有（　　　）。

　　A．品名检查　　　B．规格检查　　　C．件数检查

　　D．重量检查　　　E．单据检查

9．出库复核完成后，仓库人员和提货司机进行点数交接，并在出货单中填写实发数量，双方分别在（　　　）上盖章、签字。

　　A．转仓单　　　　B．调拨单　　　　C．入库通知单　　　D．出货单

10．某事件属于拣货、复核操作失误，复核人员没有仔细核对，没能及时发现差错。

仓库管理人员应该（　　　　）。

    A．改进拣货环节   B．强化复核人员责任意识

    C．培训   D．考核

    E．奖惩

三、判断题

1．过户是一种就地划拨的形式，货物虽没有出库，但是所有权已经从原货主转移到新货主。仓库必须根据新货主开出的正式过户凭证，办理过户手续。（　　　　）

2．对于有保质期或有效期的食品类、保健品类、药品类货物，或者市场寿命周期较短的电子类货物，更应严格遵守先进先出原则出库。（　　　　）

3．交叉复核，两名出库员交叉对对方的出库货物照单复核，复核后在对方出库单上复核人员一栏签名，与对方共同承担责任。这种方式更容易发现问题，适用于出库量大的综合性仓库。（　　　　）

4．移库指货主为了业务方便或改变货物储存条件，需要将某批库存货物从某库转移到另一个库，同时所有权也发生变更。（　　　　）

5．如果是客户反映货物规格混串、数量不符的，仓库应及时进行确认，若属于仓库发货错误的，应致歉并立即纠正。（　　　　）

6．出库凭证有问题，如抬头、印章不符等问题，及时与提货单位联系，说明情况，予以更正。（　　　　）

7．某事故属于不按照堆码限制作业，超限堆码导致货物倒塌事故，仓库管理人员应追究仓库保管人员责任，将堆码要求、堆码方法等贴在墙上，严格要求仓库人员按照规范作业。（　　　　）

8．出库凭证有疑点或者情况不清楚，应及时与仓库保卫部门联系，触犯法律的移交公安机关处理。（　　　　）

9．货物发运之后，仓库管理员要做好库内的清理工作，是指根据存储规划要求，对库存货物进行并垛、移位、腾整货位，以备安放新来货物，对腾出的货位进行卫生清理，调整货位上的吊牌，保持物资的账、卡、物一致等。（　　　　）

10．包装破损，若内件货物质量不受影响的，更换包装后再发货；若内件货物损坏或泄露的，损失由仓库部门承担赔偿。（　　　　）

四、简答题

1．简述复核的方式及适用情况。

2．简述货物出库的基本要求。

项目六
仓储安全管理

学习目标

1. 知识目标

（1）掌握仓库治安保卫管理知识。

（2）掌握仓库消防安全管理知识。

（3）掌握仓库火灾类型和灭火方法。

（4）掌握仓库安全生产管理知识。

2. 能力目标

（1）具备初步的仓库治安保卫管理技能。

（2）具备初步的仓库消防安全管理技能。

（3）具备初步的仓库安全生产管理技能。

仓储安全管理贯穿整个仓库管理过程，从货物入库验收、堆垛，到货物保管、养护，直至货物出库点交，都离不开安全管理工作。仓储安全管理工作主要包括：仓库的治安保卫工作，主要负责仓库的治安、保卫、警卫工作；仓库的消防安全工作，主要承担仓库的防火、灭火工作；仓库的生产安全工作，主要是指操作人员在货物进出库及储存、保管过程中的安全作业。

任务一　仓库治安保卫管理

任务引入

仓库安全是仓库一切工作的基础。武汉仓储园区仓库中存放的物资有化妆品、电子货物、药品，它们都价值不菲，同时仓库储存有易燃、可燃货物。为保证仓库安全，首先要建立一套仓储安全管理制度。现在，请你为该园区仓库制定一套治安保卫方案。

任务分析

建立治安保卫组织机构，建立治安保卫管理制度，掌握治安保卫工作内容、要求，进而才能根据仓库情况制定科学合理的治安保卫方案。

相关知识

一、仓库治安保卫管理概述

仓库治安保卫管理是指仓库为了防范、制止恶性侵权行为的发生，防止意外事故对仓库及仓储财产造成的破坏和侵害，维护稳定安全的仓库环境，保证仓储生产经营的顺利开展而进行的管理工作。

仓库治安保卫工作的具体内容就是执行国家治安保卫规章制度，防盗、防抢、防骗、防破坏、防火、防止财产侵害，维持仓库内秩序，协调与外部的治安保卫关系，保证员工生命安全与物资安全等。

仓库治安保卫管理的原则：坚持预防为主、严格管理、确保重点、保障安全和主管负责制。为做好仓库安全管理工作，仓库应设立库区治安保卫专职机构，健全治安保卫管理制度，加强治安保卫工作。

案例

某天下午，高某闲逛时发现路边有一座仓库没人看守，便起了盗窃的念头。经过一番探寻，高某翻进仓库后院，又通过窗户钻进仓库，发现里面放着很多铜棒。因怕白天被人发现，高某决定先看好路线晚上再下手，随后从原路离开该仓库。当晚9点左右，高某沿下午看好的路线直接进入仓库，先将10根铜棒从仓库正门的空隙处扔到门外，然后自己从后院翻出来，大摇大摆地走到正门口，把铜棒整理到一起，扛着离开现场。

第一次得手后，高某觉得这钱来得太容易了。隔了几天，高某又去看了看，发现仓库依旧没人看守，而且自己上次盗窃似乎也没有被人发现。于是，高某按照上次的方法又实施了盗窃。

两次盗窃都没被发现，高某觉得自己技术很高，便放下戒心，将该仓库当成自己的"提款机"，只要没钱，就趁天黑到仓库"拿点东西"出去换钱。一来二去，高某觉得每次翻墙太麻烦，在第5次盗窃时，他直接把后院铁门上的大锁撬开进入仓库。因为怕被人发现锁被撬坏，加之为了出入方便，高某买了一把和后院铁门上一模一样的锁，将其换下。之后再去盗窃时，高某掏出钥匙直接将锁打开，自由出入。

思考： 高某屡次得手的原因是什么，仓库应该怎样堵塞安全漏洞。

二、仓库治安保卫管理措施

（一）治安保卫组织机构

仓库应有健全的治安保卫组织机构，一般由仓库的整个管理机构组成，如图 6-1 所示。高层领导负责整个仓库的治安保卫管理工作；各部门、机构的领导是本部门的治安责任人，负责本部门的治安保卫管理工作，对本部门的治安保卫工作负责；治安保卫职能机构协助领导，指导各部门的治安保卫管理，领导治安保卫执行机构开展治安管理工作；治安保卫执行机构采用专职保卫机构和兼职安全员相结合的组织方式。专职保卫机构根据仓库规模大小、人员多少、任务繁重程度、仓库所在地社会环境确定其机构设置、人员配备，一般设置保卫部、保卫队、门卫队等。

仓库治安保卫措施和要求

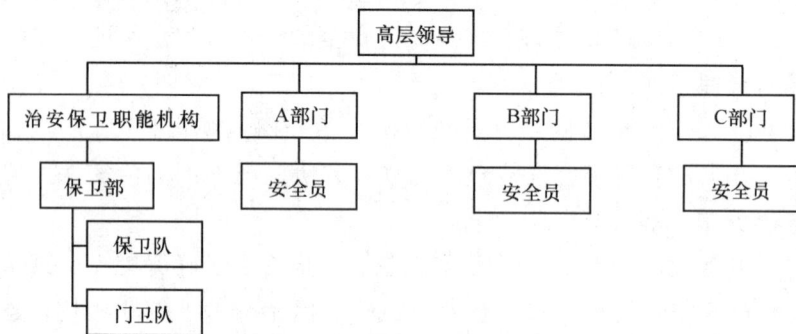

图 6-1 | 仓库治安保卫组织机构

治安保卫组织机构在仓库高层领导的领导下，制定仓库治安保卫规章制度，制订工作计划；督促各部门领导的治安保卫工作，组织全员的治安保卫学习和宣传，做好仓库内的治安保卫工作；与当地公安部门保持密切联系，协助公安部门在仓库内开展治安管理活动，管理治安保卫的器具，管理专职保卫员工。

治安保卫兼职制度是实行治安保卫群众管理制度的体现，兼职保安员主要承担所在部门、组织的治安保卫工作，协助部门领导的管理工作，督促部门执行仓库治安保卫管理制度，组织治安保卫学习和各项检查工作。

（二）治安保卫管理制度

仓库治安保卫管理制度有门卫值班制度，人员、车辆进出库管理制度，保卫人员值班巡查制度，安全防火责任制度，以及安全设施设备保管制度等，如图 6-2 所示。

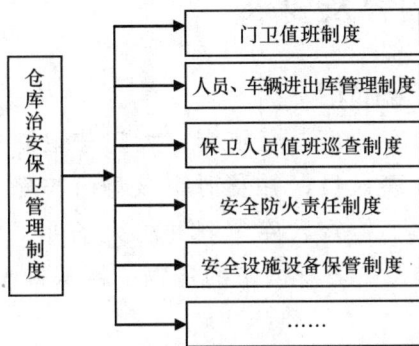

图 6-2 | 仓库治安保卫管理制度

仓库要依据国家法律、法规，结合仓库治安保卫的实际需要，以保证仓储生产高效率进行、确保仓储安全、防止治安事件的发生为目的，合理制定治安保卫管理制度。仓库的治安保卫管理制度不得违反法律规定，不能侵害公民人身权或者其他合法权益，避免对社会秩序造成妨碍。

为了使治安保卫管理制度有效执行，其需要有相对稳定性，使每一位员工都清楚，以便依照制度严格行事。随着形势的发展、技术的革新、环境的变化，该制度也要适应新的需要进行相应修改。

案例

某仓库安全管理制度

① 仓库执行 24 小时值班制度，安全保卫人员每日定时巡查，白天 2 小时一次，夜里 1 小时一次，下班前对库区进行全面的安全巡视，检查仓库安全状况，并做好"仓库安全检查记录"，发现问题据实上报，并采取措施。

② 加强对库区内门、窗、锁的管理，每天上班前、下班后进行检查，出现问题向有关部门汇报处理。

③ 仓库应安装监控系统，在条件允许时可与"110"联网，切实发挥防火防盗的作用。安全保卫人员负责每日定时检查、维护设备和电源线路，确保设备正常使用。

④ 仓库门卫认真履行职责，严格执行物资出入库登记检查，认真填写"仓库外来人员、车辆出入库登记表"，非仓库工作人员未经许可，不得进入库区。

⑤ 车辆进出库区，由仓库门卫在"仓库外来人员、车辆出入库登记表"上进行登记，经允许进入库区的外来工作人员及车辆，除在规定的作业区内不得随意在其他库区活动。

⑥ 物资出库必须接受仓库门卫的检查，验证出库手续无误后方可放行，发现异常情况立即上报。

⑦ 节假日期间，仓库必须留有管理人员值班，加强巡视。

思考： 案例中的安全管理制度涵盖了哪几个方面的安全管理。

三、治安保卫工作内容及要求

（一）大门守卫和要害部门

大门守卫是维持仓库治安的第一道防线。大门守卫除了要负责开关大门，限制无关人员出入、接待入库办事人员，并及时审核身份与登记，还要检查入库人员是否携带火源、易燃易爆货物，检查入库车辆的防火条件，放行条内容是否相符，收留放行条，查问和登记出库人员随身携带的货物，特殊情况下有权检查当事者货物，封闭大门。

对于危险品仓、贵重品仓、特殊品仓等要害部门，需要安排专职守卫看守，限制无关人员接近，防止危害、破坏和失窃。

案例

作为民族工业的发祥地之一，无锡的工厂可谓遍地开花。在经济蓬勃发展的同时，很多工厂在管理上却存在许多疏忽，这就使许多小偷瞄准了许多管理松懈的工厂仓库。近日，北塘法院受理了多起由于管理不严导致的工厂仓库被盗案件。

周某是无锡一家商贸公司的货车驾驶员，主要负责为单位送货，出入自由的周某很快就对单位仓库里的货物心生贪念。于是，他利用自己方便把货物运出门的优势，从经理那里偷来了仓库的钥匙，进仓库偷偷运走了 40 箱焊丝，然后转手卖掉了，得到赃款 3 200 元。得手后，周某天天忐忑不安，害怕被发现，但是一个月过去了，仍旧平安无事，周某的胆子就又大了起来。于是，为了方便偷窃，他再次从经理那里偷来了钥匙，偷偷配了一把放在自己身上。两个月内，周某在单位仓库再次行窃 10 次，对象还是仓库里的焊丝、焊条、焊剂等货物，每次少则三五箱，多则几十箱，转手就卖掉。两个月的时间，周某偷走了单位价值 29 533 元的货物，卖掉后获得赃款 17 780 元。很快，单位负责人就对仓库货物的不正常减少起了疑心，加强了安全防护，不知情的周某在一次盗窃时被当场抓获。

思考： 该案例对仓库治安保卫工作有哪些启示。

（二）做好治安检查

治安责任人应按要求经常检查治安保卫工作。治安检查实行定期检查与不定期检查相结合的制度。一般情况下，班组每日检查、部门每周检查、仓库每月检查，及时发现治安保卫漏洞和安全隐患，通过有效手段消除各种隐患。

（三）加强巡逻检查

巡逻检查是指一般由两名保安员共同进行，携带保安器械和强力手电筒不定时、不定线、经常地巡视整个仓库的安全保卫工作。保安员应查问可疑人员，检查各部门的防卫工作，关闭无人办公的办公室、关好仓库门窗、关闭电源，禁止挪用消防器材，检查仓库内有无异常现象，停留在仓库内过夜的车辆是否符合规定等。巡逻检查中若发现不符合治安保卫制度要求的情况，应采取相应的处理措施或者告知主管部门处理。

案例

某地警方接到某物流公司报案，称该公司 4 号库房内有大量手机被盗。警方在现场勘查发现，库房的东墙有一个高约 50cm、宽约 30cm 的洞口，嫌疑人从洞口钻进库房，实施盗窃，参与作案的至少有 7 人。经清查，现场被盗手机，共计 380 部，初步估算总价值 160 余万元。

思考：该公司可以通过什么措施防范类似被盗隐患。

（四）安装防盗设施设备

仓库防盗设施包括围墙、大门、防盗门、门窗、锁等，可在仓库建设时按用途进行特殊设计。使用过程中，还要不断坚固仓库的墙壁，在一些死角处做特殊处理，门窗可采用多重锁设计。

仓库防盗设备包括视频监控设备、自动报警设备等。为加强安全管理，可在仓库内部和附近安置视频监控设备或红外线防盗报警系统，如图 6-3 和图 6-4 所示，同时安排专人进行监控，充分利用先进的高科技设备保护仓储财产安全。

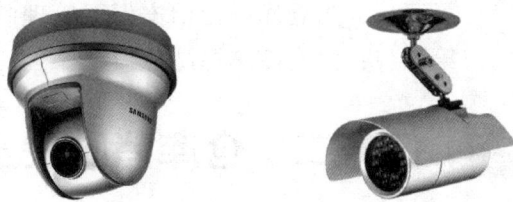

图 6-3 | 视频监控设备

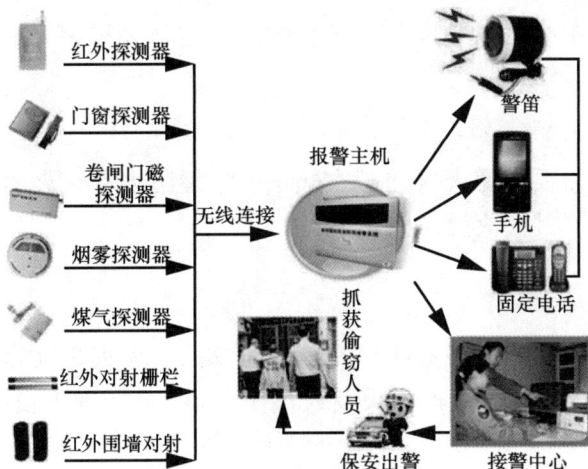

图 6-4 | 红外线防盗报警系统

案例

3名保安利用在昆仑大道某公司上班的便利，联合一名外来男子，从公司地下仓库里盗走了一批价值1万元左右的护肤品。由于作案时已采取措施，他们自认为不会被监控录像拍到。不料，当其中两名保安下午若无其事地回到公司上班时，被早已守候在公司的民警逮个正着。

该公司保安部部长吴某指着地下室值班监控室的监控台说，那里总共有50多个监控摄像头，安装在他人不易看到的小角落里，执行24小时监控。就连公司的物业保安，也不会知道这些摄像头的具体位置在哪里。

（五）制定治安应急方案

治安应急是指仓库发生治安事件时，采取紧急措施，防止和减少事件造成损失的制度。治安应急需要通过制定方案，明确应急人员的职责，规定发生事件时的信息（信号）发布和传递方法。这些应急方案要在平时经常进行演习。

任务实施

第一步：列出仓库可能存在的安全隐患。
第二步：为仓库建立治安安全管理机构。
第三步：为仓库制定治安保卫管理制度。
第四步：为仓库选择防盗设备。

任务二　仓库消防安全管理

任务引入

请你为武汉仓储中心化妆品库和电子货物库制定防火和灭火措施。

任务分析

要完成该任务，需要知道火灾的基本知识，掌握防火和灭火的方法。在本任务中，仓库存放的货物不同，其灭火措施可能不同。

相关知识

仓库是物资的聚集地，大多数物资是易燃可燃的，火灾是仓库最常见的安全隐患，一旦发生火灾，便会造成巨大财产损失及人员伤亡。仓储管理人员必须了解火灾的基本知识、防火和灭火方法。

案例

"8·12" 天津瑞海公司危险品大爆炸

2015年8月12日23时30分许，天津瑞海公司危险品仓库发生火灾爆炸事故，爆炸致165人遇难8人失联，造成的经济损失巨大。

根据爆炸现场瑞海公司官网信息，其涉及仓储的危险品有第二、三、四、五、六、八、九类，包括压缩液化气体、易燃固体、液体及氧化剂和有机过氧化物等，包括硝酸铵800吨左右、硝酸钾500吨左右，危险化学品总计3 000吨左右。此类危险品属于特殊化学货物，这种化学品燃烧产生的火焰不能直接用水扑灭，只能通过沙土覆盖、隔绝燃烧环境，救援难度很大。经过一夜的奋战，火势依然没有完全被扑灭。

此次爆炸事故造成的破坏，大多并非来自直接爆炸，而是由冲击波引发的玻璃、碎片等造成的二次伤害。初次爆炸引发了一连串后续爆炸，波及周边的大量房屋、建筑和车辆，并且造成较大人员伤亡，当地医院人满为患。

案例启示：天津瑞海公司危险品仓库特别重大火灾爆炸事故，造成重大人员伤亡和财产损失，教训极其深刻。造成后续多起连环爆炸的原因有很多，如危化货物不明示导致灭火方式受影响；堆放次序混乱，不能堆放在一起的几类危化品放在一起导致连环爆炸；操作人员没有经过危化品培训、安全防护不到位。这次事故暴露出企业安全红线意识淡薄、管理比较粗放，很多方面都违反相关法规和标准。因此，企业如何做好仓库的防火工作是事关人员生命和国家财产的大事，仓库的防火工作应该位于一切管理工作的首位，并且始终贯穿整个仓储的全过程。

一、火灾基本知识

（一）燃烧三要素

凡是热和光一起放出的氧化反应，称为燃烧。发生燃烧必须具备 3 个条件，如图6-5所示。

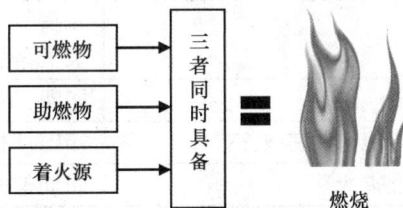

图6-5 | 燃烧三要素

1. 具有可燃物

可燃物就是可以燃烧的物质，大部分有机物和少部分无机物都是可燃物，具体如表6-1所示。

表6-1　可燃物种类

种类	举例
无机可燃物	钾、钠、钙、镁、磷、硫、硅、氢等
	一氧化碳、氨、硫化氢、磷化氢、二硫化碳、联氨、氢氰酸等
有机可燃物	天然气、液化石油气、汽油、煤油、柴油、原油、酒精、豆油、煤、木材、棉、麻、纸以及三大合成材料（合成塑料、合成橡胶、合成纤维）等

2．具有助燃物

助燃物是指帮助可燃物燃烧的物质，主要有空气、氧气、氯、氟、氯酸钾或氧化剂等，如过氧化钠、过氧化钾、高锰酸钾、高锰酸钠等都属于一级无机氧化剂。

3．具有着火源

着火源包括明火或明火星、电火花、化学火灾和爆炸性火灾、自燃、雷电与静电、聚光、撞击或摩擦、人为纵火等。

要想防火，就要防止燃烧条件的产生，不使燃烧的3个条件相互结合并同时发生作用，采取限制、削弱燃烧条件发展的办法，阻止火势蔓延，这就是防火和灭火的基本原理。

（二）火灾分类

火灾是指在时间和空间上失去控制的燃烧所造成的灾害。根据国家标准《火灾分类》（GB/T 4968—2008），按可燃物的类型和燃烧特性，将火灾分为A、B、C、D、E、F共6类，如表6-2所示。

表6-2　火灾种类

分类	项目	示例
A类火灾	固体物质火灾，这种物质通常具有有机物性质，一般在燃烧时能产生灼热的余烬	如木材、干草、煤炭、棉、毛、麻、纸张等引起的火灾
B火灾	液体或可熔化的固体物质火灾	如煤油、柴油、原油、甲醇、乙醇、沥青、石蜡、塑料等引起的火灾
C类火灾	气体火灾	如煤气、天然气、甲烷、乙烷、丙烷、氢气等引起的火灾
D类火灾	金属火灾	如钾、钠、镁、铝镁合金等引起的火灾
E类火灾	带电火灾，物体带电燃烧的火灾	如电视机着火
F类火灾	烹饪器具内的烹饪物火灾	如动植物油脂火灾

二、仓库的灭火和防火方法

（一）灭火方法

物质燃烧必须同时具备3个必要条件，即可燃物、助燃物和着火源。所有的灭火措施都是为了破坏燃烧三要素中的任何一个要素，或终止燃烧的连锁反应而使火熄灭，或把火势控制在一定范围内，最大限度地减少火灾损失。

常见的灭火方法有以下几种。

1. 冷却灭火法

原理是把燃烧物的温度降到其燃点以下，使之不能燃烧。例如使用水枪、酸碱灭火器、二氧化碳灭火器、泡沫灭火器等，将灭火剂直接喷到燃烧物上，使燃烧物质的温度降低到燃点之下，停止燃烧。

2. 窒息灭火法

原理是减少空气中的含氧量。例如使用二氧化碳、黄沙、泡沫、棉被等覆盖着火物，使火源附近的氧气含量减少，从而达到灭火的目的。

3. 隔离灭火法

原理是将火源及其周围的可燃物质搬开或拆除，使火无法蔓延。

4. 抑制灭火法

使灭火剂参与燃烧反应过程，使燃烧过程产生的游离基消失，从而形成稳定分子或活性的游离基，使燃烧的化学反应中断。

（二）防火方法

仓库的火灾应"以防为主、防患于未然"。引发仓库火灾事故的原因：火源管理不善，易燃、易爆物资保管方法不当，装卸搬运中由事故引起火灾，仓库建筑及平面布局不合理，防火制度、措施不健全，管理人员违规操作、意识麻痹大意等。

案例

原料储存不当，仓库失火

某天，公司值班人员发现原料仓库冒出烟雾，值班人员判断可能是原料仓库里面堆放的硫黄起火，于是立刻向公司总调度室报告，同时也向公司领导做了报告。公司领导接到报告后立即组织人员进行扑救，并报警。据了解，该仓库存放有 400 吨硫黄、31 吨氯酸钾，在仓库的一角还堆放有 100 吨水泥。由于燃烧物是硫黄和氯酸钾，遇高温时就变成液态，绿色的火苗随着液化的化学物质流动，火苗竟高达 1 尺多。接警后，消防队到达起火地点参与扑救。采取的灭火办法一是降温扑救，二是用编织袋装上泥土在仓库东、南、西面砌起矮墙，防止液态的硫黄外流。经过约 6 个小时扑救，火势得到初步控制，11 小时后大火被完全扑灭。

经事后分析，这起事故的起因是化学品的自燃。就化学品的存放而言，把硫黄和氯酸钾堆放在一个仓库内，是极不科学的。氯酸钾是强氧化性物质，如果与强还原性物质混合，就易发生燃烧或爆炸，而硫、磷都是强还原性物质。氯酸钾遇明火或者高温，都有可能发生燃烧，严重时还可能发生爆炸。

思考：这起火灾事故原因属于哪一类？

仓库的防火很重要，防火原理主要是控制可燃物、隔绝助燃物、消除着火源。仓库在日常管理中要注意以下几点。

① 消除着火源。严格把关，严禁火种带入仓库。仓库内严禁明火作业，部分库内严禁使用和设置移动照明设备。

② 严格管理库区明火。库房外使用明火作业，必须在专人监督下按章进行，明火作业后应彻底消除明火残迹。仓库周围50m内严禁燃放烟花爆竹。

③ 电器设备防火。经常检查库区内供电系统，发现电线老化、绝缘不好，应及时更换。每个库房应在库房外设置独立的开关箱，保管员离库时，拉闸断电。

④ 作业机械防火。进入库区的机械设备应安装防火罩，电动车安装防火星溅出装置。

⑤ 出入库作业过程中防火。装卸搬运作业时，不应采用滚动、滑动的作业方式，避免使用易产生火花的作业器具，避免用金属器具撞击货物。容易产生静电的作业，需采取防静电措施。

⑥ 选择安全货位。货物分类存放，按照防火规范留出合理间距。

⑦ 日常检查。检查各种安全隐患，如检查易自燃货物的温度，保证库内通风良好。

⑧ 及时处理易燃物。将废弃的油污棉纱、垫料、可燃包装及时清除。

⑨ 隔绝助燃物，使用封闭、惰性气体、真空等方法进行隔绝。

▌三、仓库的消防设施

仓库内主要的消防设施有消防栓、水龙带、沙箱、灭火器、石棉和其他消防工具。

（一）水

水是仓库消防的主要灭火剂，它在灭火时有显著的冷却和窒息作用，水能使某些物质的分解反应趋于缓和，并能降低某些爆炸货物的爆炸威力。当水形成柱状时，有一股冲击力能破坏燃烧结构，把火扑灭。水还可以冷却附近其他易燃烧物质，防止火势蔓延。需要注意的是，水能导电，不能用于电气装备的灭火；更不能用于对水有剧烈化学反应的化学危险品（电石、金属钾等）的灭火；也不能用于比水轻，不溶于水的易燃液体的灭火。

（二）沙土

沙土是一种廉价的灭火物质。沙土有窒息作用，覆盖在燃烧物上，能隔绝空气，从而使火熄灭。沙土可以扑救酸碱货物引起的火灾、过氧化剂及遇水燃烧的液体和化学危险品引起的火灾。需要注意的是，爆炸性货物（硫酸铵等）不可用沙土扑救，而是要用冷却法，即把旧棉被或旧麻袋用水浸湿覆盖在燃烧物上。

（三）灭火器

灭火器是一种可由人力移动的轻便灭火器具，它能在其内部压力作用下，将所充装的灭火剂喷出，用来扑救火灾。灭火器的种类有较多，常用的主要有干粉灭火器、泡沫灭火器、二氧化碳灭火器、清水灭火器。下面介绍各类灭火器的用途和使用方法。

1. 干粉灭火器

常用的干粉灭火器为干粉储压式手提灭火器。干粉储压式手提灭火器以氮气为动力，如图 6-6 所示，适宜扑救石油货物、油漆、有机溶剂引起的火灾，也适宜扑救液体、气体、电气火灾，有的还能扑救固体火灾。它通过抑制燃烧的连锁反应灭火，但不能扑救轻金属燃烧造成的火灾。

图 6-6 | 干粉储压式手提灭火器

干粉灭火器的使用方法如下。

① 拔掉安全栓，上下摇晃几下。

② 根据风向，站在上风位置。

③ 对准火苗的根部，一只手握住压把，另一只手握住喷嘴进行灭火。

2. 泡沫灭火器

泡沫灭火器可分为手提式泡沫灭火器、推车式泡沫灭火器和空气式泡沫灭火器，如图 6-7 所示。泡沫能覆盖在燃烧物的表面，以防止空气进入。它适用于扑救一般火灾，如油制品、油脂等引起的无法用水扑灭的火灾；适宜扑救液体火灾，但不能扑救水溶性可燃、易燃液体引起的火灾，如醇、酯、醚、酮等物质；不可用于扑救带电设备引起的火灾。

图 6-7 | 泡沫灭火器

泡沫灭火器的使用方法如下。

① 在未到达火源的时候切记勿将其倾斜放置或晃动。

② 距离火源 10 m 左右时，拔掉安全栓。

③ 拔掉安全栓之后将灭火器倒置，一只手紧握提环，另一只手扶住筒体的底圈。

④ 对准火源的根部进行喷射。

注意事项：对于油类火灾，不能对着油面中心喷射，以防着火的油品溅出，应顺着火源根部的周围上侧喷射，逐渐覆盖油面，将火扑灭；使用时不可将筒底筒盖对着人体，以防发生危险。

3. 二氧化碳灭火器

二氧化碳灭火器价格低廉，获取、制备容易，其主要依靠窒息作用和部分冷却作用灭火。二氧化碳灭火器是以高压气瓶内储存的二氧化碳气体作为灭火剂进行灭火。其适用于扑救 A 类火灾，如扑救图书、档案、贵重设备、精密仪器的初起火灾；适用于扑救一般 B 类火灾，如油制品、油脂等引起的火灾，但不能扑救 B 类火灾中的水溶性可燃、易燃液体引起的火灾，如醇、酯、醚、酮等物质；可用于扑救 600 V 以下电气设备引起的火灾，如计算机室内火灾，但不能扑救带电设备及 C 类和 D 类火灾。例如，不可用它扑救钾、钠、镁、铝等物质火灾和煤气、天然气火灾。

二氧化碳灭火器的使用方法如下。

① 使用前不得使灭火器过分倾斜，更不可横拿或颠倒，避免两种药剂混合而提前喷出。

② 拔掉安全栓，将筒体颠倒过来，一只手紧握提环，另一只手扶住筒体的底圈。

③ 将射流对准燃烧物，按下压把即可进行灭火。

4. 清水灭火器

清水灭火器喷出的主要是水，使用时不用颠倒筒身，先取下安全帽，然后用力打开凸头，就有水柱喷出。它主要起冷却作用，只能扑救一般固体火灾，如竹木、纺织品等引起的火灾，不能扑救液体及电器火灾。各类灭火器及适用的火灾种类如表 6-3 所示。

表 6-3　各类灭火器及适用的火灾种类

灭火器种类	适用范围
干粉灭火器	用于扑救易燃液体、有机溶剂、可燃气体和电器设备的初起火灾
泡沫灭火器	用于扑救油类、木材及一般货物的初起火灾
二氧化碳灭火器	用于扑救贵重仪器、图书档案、电器设备以及其他忌水物资的初起火灾
清水灭火器	扑救一般固体（如竹木、纺织品等）火灾

任务实施

第一步：分析化妆品库和电子货物库的火灾类型。

第二步：选择合适的灭火器具。

第三步：制定防火措施。

任务三　仓库安全生产管理

任务引入

某大型仓储公司发生了人身伤亡的大事故，原因是刚入职的杜某看到一辆叉车停在货车旁边，未拔钥匙，出于好奇，在明知自己没有经过叉车培训、没有叉车驾驶执照的情况下，仍让李某站在叉车上，驾驶叉车试图将李某送上货车车厢，但因操作失误，将李某挤在车厢与叉车之间，致使李某头部和胸部受伤，经医生抢救无效死亡。

作为仓库管理人员，请思考出现上述悲剧的原因是什么。为避免此类事故发生，请为仓库制定安全生产管理制度。

任务分析

上述悲剧出现的主要原因：一是杜某违反安全生产规定，无证违章操作叉车；二是李某缺乏安全保护意识。请为该仓库制定安全生产管理制度和要求。

相关知识

仓库安全生产管理包括人员安全、设备使用安全、作业安全。

一、人员安全

仓库工作人员在装卸、搬运、堆码、保管养护货物等操作过程中，直接与装卸搬运设备以及不同特性的货物接触，人员的安全防护很重要。

仓库安全生产

（一）仓库工作潜在的风险

仓库工作人员在实际操作过程中，面临许多潜在的危险因素，如从货架等高处掉落的物料、尖锐的棱角、危险品毒性等。在仓库发生的人身伤亡事故中，比较常见的有电气导致的伤亡，叉车等移动设备导致的人员伤亡，危险品的存储发生意外导致的人员伤亡，装卸货物操作不当导致的人员伤亡，尖锐物体导致的人员划伤等。

做好人身安全保护工作应从以下几个方面入手。

① 优化工作环境，消除事故隐患。

② 加强安全意识教育。

③ 进行仓储机械设备的安全操作规程培训。

④ 建立健全工作场所、仓储机械设备的安全检查制度，并有效组织实施。

做好人身安全保护应注意以下几个原则。

① 在开放式装卸平台作业中，应使用明显的视觉标志设定出安全区域，保证叉车行驶路段没有任何视觉障碍和潜在风险，叉车和工作人员可安全进行装卸作业。

② 仓库地面和通道保持整洁和畅通，避免因杂物、电线、软管和危险物而导致人

员摔倒。

③ 安排合理的休息时间，可以避免重大的意外事故和提高工作质量。

④ 新员工要学习如何使用正确的姿势搬运货物，认真接受职业培训。

⑤ 使用通风设备，保持仓库内空气流通。

⑥ 对于仓库设施设备存在的尖锐棱角，仓库工作人员使用保护措施加以防护，在搬运有尖锐棱角的物料时小心作业。

⑦ 设施设备发生故障时，请接受过培训的专门人员进行维修。

（二）安全防护设备

仓库的安全防护设备主要有面部防护设备、头部防护设备、手和胳膊防护设备以及脚部防护设备，如图 6-8 所示。根据工作需要，仓库应配置以下设备。

① 面部防护设备：防护眼镜、防护面罩。

② 头部防护设备：安全帽或者头盔。

③ 手和胳膊防护设备：手套、指套和长手套。

④ 脚部防护设备：鞋套或铁头鞋。

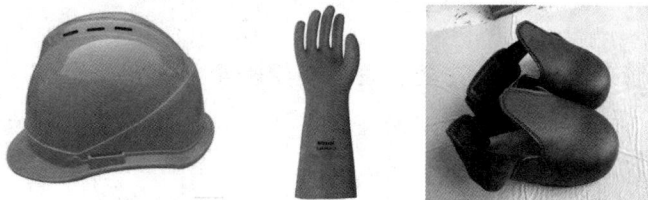

图 6-8 | 安全防护设备

（三）使用危险警示标志

在有危险隐患的位置使用图形标志、警示线、警示语句、文字等提示安全要求。

在警示标志中，不同颜色代表不同的含义：红色表示禁止和阻止；蓝色表示指令，要求人们必须遵守的规定；黄色表示提醒人们注意；绿色表示允许、安全的信息。

1. 图形标志

图形标志可分为禁止标志、警告标志、指令标志和提示标志，一般用在工作场所入口处或工作场所的显著位置。图形标志如图 6-9 至图 6-11 所示。

图 6-9 | 禁止标志

图 6-10 | 警告标志

图 6-11 | 提示标志

2. 警示线

警示线是界定和分隔危险区域的标志线。按照需要，警示线可喷涂在地面或制成色带。警示线颜色有红色、黄色和绿色 3 种。红色警示线是禁止进入提示线，黄色警示线是有害区域提示线，绿色警示线是安全区域提示线。警示线如图 6-12 所示。

图 6-12 | 警示线

3. 警示语句

警示语句是一组表示禁止、警告、指令、提示或描述工作场所危险的词语。警示语句可单独使用，也可与图形标志组合使用，如图 6-13 所示。

图 6-13 | 警示语句

▌二、设备使用安全

案例

电动葫芦断手指

某铝厂货物库房电动葫芦检修之后需要在辊筒上缠绕钢丝绳，检修工用左手（戴着线手套）拉紧松散的钢丝绳，用右手（也戴着线手套）操作按钮，试图将钢丝绳缠紧在辊筒上。但是，辊筒转动后操作按钮失灵，以致检修工的左手离辊筒很近时未能及时脱开而被绞进辊筒上的钢丝绳间，造成4根手指被压断，直到别人将电源闸刀拉下、反转辊筒，才将受伤的手取了出来。

点评：仓库中因使用设备不当造成人员伤亡的事故屡见不鲜，由此使用设备安全也是仓库安全管理的重要内容。

（一）设备使用的基本原则

1. 使用适合的设备进行作业

在作业中尽可能采用专用设备作业或使用专用工具，使用时必须满足作业的需要，并进行必要的防护，如货物绑扎、限位等。

2. 确保所用设备处于良好状态

注意设备的维护保养，使其在使用时处于良好状态，不能带"病"作业，不允许超负荷作业。

3. 载货移动设备上不得载人运行

除了连续运转设备（如自动输送线），其他设备需停稳后方可作业，不得在运行中作业。

（二）叉车操作安全

叉车是仓库中使用最广泛的装卸搬运设备，可在室内或室外的各种操作平台上进行工作。仓库要制定叉车安全操作规程，需要注意以下几项原则。

① 叉车驾驶人员要取得相关部门颁发的叉车驾驶特殊工种资格证。

② 严禁带人行驶，严禁酒后驾驶；行驶途中不准手机通话、饮食和闲谈。

③ 在使用叉车前，应严格检查叉车状态，严禁带故障出车，不可强行通过有危险或潜在危险的路段。

④ 起步前，观察四周，确认无妨碍行车安全的障碍后，先鸣笛、后起步。

⑤ 行驶时，货叉底端距地高度应保持300mm～400mm，门架需后倾。

⑥ 必须按照叉车载重量限制进行装载，不得超载，同时要注意所叉货物高度的限制。

⑦ 在转弯盲角处要放慢速度，禁止高速急转弯，如附近有行人或车辆，应先发出行驶预警信号。

⑧ 卸货后应先降落货叉至正常的行驶位置后再行驶。

案例

小刘是某仓库新入职员工，一天午休时看到一辆未拔钥匙的叉车停放在仓库，他想着自己已经取得机动车驾驶证，开叉车应该和开机动车差不多，在好奇心驱使下，上车准备尝尝开叉车。不料叉车一开动速度挺快，他有些慌神，又碰上门口拐弯处，为了躲避行人，他急打方向盘，致使叉车侧翻，如图 6-14 所示，小刘也因两根肋骨受伤被送进了医院。

图 6-14｜无证驾驶员急转弯

思考：该事故发生的原因是什么，仓库在叉车使用管理上是否有需要改进的地方。

案例

王华是一位从事叉车作业近 1 年的叉车工，叉车操作熟练，让他引以为豪的就是他比相同工作时间的其他叉车人员作业效率高出近 30%，而且从未出现事故。王华工作效率高的原因：一是开车速度较快；二是一次所载货物较多，常常高出叉车顶部。对于别人的多次提醒，他也没放在心上，继续我行我素。一天，王华像往常一样叉着高高一垛货物在仓库内快速行驶之时撞倒了一位验货人员，如图 6-15 所示，致使其受伤。

图 6-15｜违规驾驶撞行人

思考：该案例中造成事故的原因是什么，在安全生产中，"技高人胆大"是可行的吗？

三、作业安全

（一）装卸平台作业安全

① 在平台装卸物料时应轻搬轻放，切忌猛烈碰撞。

② 叉车行驶在装卸平台上或者平台登车桥上时要非常谨慎。

③ 在装卸平台边缘应设置视觉警示标志。

④ 严禁在平台上有任何跳跃动作。

（二）汽车装卸作业安全

在进行汽车装卸作业时，要注意保持安全间距。一般情况下，汽车与堆物距离不小于2m，与滚动货物距离不小于3m。多辆汽车同时进行装卸时，直线停放的前后车距不小于2m，并排停放的两车侧板距离不小于1.5m，汽车装载应固定妥当，绑扎牢固。

（三）存储区作业安全

货物在仓库中堆放不当，可能会产生货物滑落，导致货物损坏和砸伤工作人员等事故，因此，存储作业也是影响仓库安全的重要因素。存储作业时要注意以下几点。

① 货物应当分类、分垛储存，注意保持"五距"（顶距、灯距、墙距、柱距、垛距）。

② 堆垛时保持货物笔直和均匀地摆放。

③ 将较重的货物放置于较低或中间的货架上。

④ 无论货物体积大小，一次只从货架上存取一个货物。

⑤ 确保车辆和工作人员通过的通道畅通，没有任何障碍物。

⑥ 定期对货物存储的设备进行维护和检修。

案例

某食品批发仓库发生货架倒塌事件，成堆的货物突然从 5m～6m 高的地方轰然塌落，在塌落过程中，货架上层立柱被压弯、扭曲变形，同时，下层货架被压散。货架倒塌时，1名正在货垛旁作业的工人被从顶部掉落的货箱砸伤了脚面，大量货物损坏。经调查，类似这样的货架倒塌或货物掉落导致人员和货物受损的情况，在该仓库时有发生，究其原因是仓库管理人员缺乏基本的安全意识，存放货物时没有注意货架的承重限制，以及货物堆放杂乱，重心不稳。

思考： 该案例给了我们什么启示。

任务实施

分析给定任务中事故出现的原因，一是杜某违反安全生产规定，无证违章操作叉车；二是李某缺乏安全保护意识，仓库缺乏安全管理规定，对员工的培训教育不到位。为完善仓库安全制度，可按以下步骤完善仓库安全制度。

第一步：制定人员安全保护规定。

第二步：选定人员安全保护设备。

第三步：制定叉车的安全操作规定。

第四步：制定仓储作业的安全操作规定。

拓展学习 请扫描二维码，学习拓展案例，回答问题。

二维码

课后实训

实训一　仓库安全管理调研

在学校所在地选择一家仓储企业、商场或者超市，以小组为单位调查该企业的安全管理情况，完成以下任务。

（1）记录该企业有哪些安全管理制度。

（2）记录该企业采取了哪些治安保卫措施。

（3）观察并记录在货物防盗方面，配备了哪些设备。

（4）观察并记录在防火方面配备了哪些设备。

（5）分析该企业在安全管理方面存在哪些不足，应进一步采取哪些措施。

（6）制作PPT，并在班级交流。

实训二　制定安全管理办法

根据所学知识，为校内物流实训室制定安全管理办法，包括防盗管理、设备安全使用、消防管理等内容。

课后练习题

一、单选题

1．火灾种类根据燃烧物质及其燃烧特性可以分为（　　　）类。

　　A．三　　　　　　　B．四　　　　　　　C．五　　　　　　　D．六

2．（　　　）是常用的灭火剂，它资源丰富，取用方便。

　　A．水　　　　　　　B．二氧化碳　　　　C．泡沫　　　　　　D．干粉

3．燃烧必须具备可燃物、着火源、（　　　）三个条件，也称为燃烧三要素。

　　A．氧气　　　　　　B．有中介物质存在　C．助燃物　　　　　D．空气

4. 采取适当的措施，使燃烧因缺乏氧气而熄灭，这种方法称作（　　　）。

    A．窒息灭火法　　　B．隔离灭火法　　　C．冷却灭火法　　　D．拆移法

5. 使用灭火器扑救火灾时要对准火焰（　　　）喷射。

    A．上部　　　　　　B．中部　　　　　　C．根部　　　　　　C．外焰

6. 泡沫灭火器不能用于扑救（　　　）引起的火灾。

    A．塑料　　　　　　B．汽油　　　　　　C．煤油　　　　　　D．金属钠

7. 电器设备在发生火灾时不应该用（　　　）灭火。

    A．卤代烷　　　　　B．水　　　　　　　C．干粉　　　　　　D．干冰

二、多选题

1. 仓库灭火的基本方法有（　　　）。

    A．通风法　　　　　B．隔离灭火法　　　C．冷却灭火法　　　D．窒息灭火法

2. 下列属于常用的灭火剂的物质有（　　　）。

    A．盐水　　　　　　B．水　　　　　　　C．沙土　　　　　　D．干粉

3. 常见的警示标志包括（　　　）。

    A．图形标志　　　　　　　　　　　　B．警示线

    C．警示语句　　　　　　　　　　　　D．危险货物作业岗位危害告知卡

4. 工作中的潜在风险是（　　　）。

    A．有害空气　　　　　　　　　　　　B．光辐射

    C．物体的掉落　　　　　　　　　　　D．尖锐物体的刺伤、擦伤和砍伤

5. 下列能用于扑救带电设备火灾的是（　　　）。

    A．干粉灭火器　　　　　　　　　　　B．二氧化碳灭火器

    C．沙土　　　　　　　　　　　　　　D．水

6. 下列对物料存储时的注意要点描述正确的有（　　　）。

    A．物料堆垛中，保持货物笔直和均匀地摆放

    B．因较沉重的货物不经常使用，应放置于货架的高处

    C．货物搬运时，无论物料大小，一次只从货架上存取一个货物

    D．定期对物料存储的设备进行维护和检修

7. 下列关于叉车操作描述正确的有（　　　）。

    A．拥有机动车驾驶证的人就可操作叉车

    B．叉车作业人员上车需佩戴安全带、穿工作服

    C．车辆启动前应检查起动、转向信号，电瓶电路，运转、制动性能等

    D．叉车行驶途中若前方有人，要鸣笛告知

8. 机械作业的安全操作中应注意的事项有（　　　）。

    A．在作业中尽可能采用专用设备作业或使用专用工具

    B．设备不得带"病"作业，而且应在设备的允许负荷范围内进行作业

    C．停放的装卸汽车与堆物距离不小于1m

D．载货移动设备上不得载人运行

9．下列属于警示标志的有（　　　）。

 A．禁止入内 B．注意防尘 C．当心腐蚀 D．噪声有害

三、判断题

1．可燃金属燃烧的火灾属于C类火灾，如钾、钠、镁等的燃烧。 （　　）

2．用泡沫作为灭火剂，其作用主要是隔离作用，同时也有一定的冷却作用。（　　）

3．发生火灾时，不能随便开启门窗。 （　　）

4．干粉灭火器适宜扑救石油货物、油漆、有机溶剂引起的火灾，也适宜扑救液体、气体、固体和电气引起的火灾。 （　　）

5．泡沫灭火器可用于扑灭带电设备引起的火灾。 （　　）

6．警示线分为红色、黄色和绿色3种，黄色是禁止进入提示线，红色是有害区域提示线，绿色是安全区域提示线。 （　　）

7．叉车经车间门口、路口时，应做到一慢、二看、三通过，踩、放油门踏板时应做到轻踩、缓抬。 （　　）

8．在装卸平台边缘应设置视觉警示标志。 （　　）

9．在装卸易燃易爆品操作中，能使用铁质材质的工具。 （　　）

四、简答题

1．简述仓库主要的治安保卫工作及要求。

2．简述常见的灭火方法。

3．简述常见的灭火器种类，请至少列出5种。

项目七

配送作业

📖 学习目标

1．知识目标

（1）掌握订单处理流程及相关内容。

（2）掌握拣货作业流程及拣货方法。

（3）掌握出货作业内容和方法。

（4）掌握送货作业流程和工作方法。

（5）掌握常见的退货原因和处理方法。

2．能力目标

（1）能在实训室模拟订单处理作业。

（2）能在实训室模拟摘果式拣货和播种式拣货。

（3）能在实训室模拟出货检查、包装和贴标。

（4）能独立完成配送计划制订、模拟车辆配载和装车。

（5）能正确处理退货作业。

国家标准《物流术语》指出，配送中心（Distribution Center）是指从事配送业务且具有完善信息网络的场所或组织，应基本符合下列要求：（1）主要为特定的用户服务；（2）配送功能健全；（3）辐射范围小；（4）多品种、小批量、多批次、短周期；（5）主要为末端客户提供配送服务。

配送中心作业包括收货、储存、配送 3 个环节。其中，收货包括来自供货商的新品收货和来自门店（消费者）的退货收货。新品收货和储存作业在前面已经介绍，本项目主要介绍配送作业处理和退货作业处理。图 7-1 所示为配送中心的一般作业流程，具体到每个配送中心，其作业环节可能有所不同。

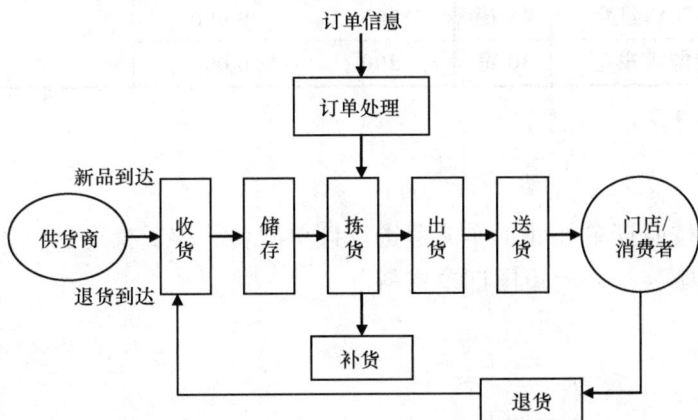

图 7-1 | 配送中心的一般作业流程

任务一 订单处理

任务引入

郑州配送中心信息组接到电商客户企业资源计划（Enterprise Resource Planning，ERP）系统推送过来的客户订单，如表 7-1 所示，现要将该批订单生成拣货单。假设你是信息组成员，请你完成订单处理作业。

表 7-1 客户订单

序号	购货单位	货物名称	数量	单价（元）	金额（元）	交货时间
1	管城店	粉底液	20 箱	120	2 400	6 日 8 点 30 分
		洗发露	30 箱	450	13 500	
		洁肤乳	10 箱	150	1 500	
		滋润乳霜	20 箱	300	6 000	
2	学苑店	洗发露	10 箱	450	4 500	6 日 8 点 30 分
		修护眼霜	10 箱	900	9 000	
		蜜露香皂	20 箱	50	1 000	

续表

序号	购货单位	货物名称	数量	单价（元）	金额（元）	交货时间
3	亿隆店	沐浴露	10 箱	200	2 000	6 日 15 点 30 分
		滋润乳霜	20 箱	300	6 000	
		洁肤乳	20 箱	150	3 000	
4	丽人店	唇膏魅紫	10 箱	100	1 000	6 日 15 点 30 分
		粉饼象牙色	20 箱	200	4 000	
		粉饼瓷白色	30 箱	200	6 000	
		粉饼绯红色	45 箱	200	9 000	
		定型喷雾剂	30 箱	200	6 000	

任务分析

要完成该任务，需要按照订单处理工作流程进行订单确认、存货查询、存货分配，然后排定出货时间和拣货顺序，最后输出订单资料。

相关知识

一、订单处理的重要性

订单处理是指从接到客户订单开始到准备着手拣货之间的工作，具体包括接收客户订单、检查订单、检查客户信用、检查库存、确定拣货方式、生成拣货单等。

订单处理是配送中心服务客户的第一个环节。订单处理的正确性、合理性直接影响后续作业效率和客户满意度。错误的订单处理会引起错误的拣货、配送以及客户退货，不合理的拣货单会导致拣货作业效率低下、物流配送成本增高、不能及时交货等问题。因此，如何有效接单、输入订货资料，如何将小批量、多品种、高频率订货所产生的复杂订货资料转换为拣货单是非常重要的问题。

二、订单处理的流程

（一）接收订单

接收订单有两种方式，即传统人工方式和电子方式。

1．传统人工方式

传统人工方式包括业务员接单、电话订货、传真订货、邮寄订货等。

2．电子方式

随着信息技术的使用，传统人工订货方式逐渐被电子订货方式取代。越来越多的配送中心与客户之间通过对接的信息系统或者互联网邮箱传输订货资料。在这种方式下，物流中心可以随时接收客户的电子邮件订单，增加接单时间的灵活度。

订单处理流程如图 7-2 所示。

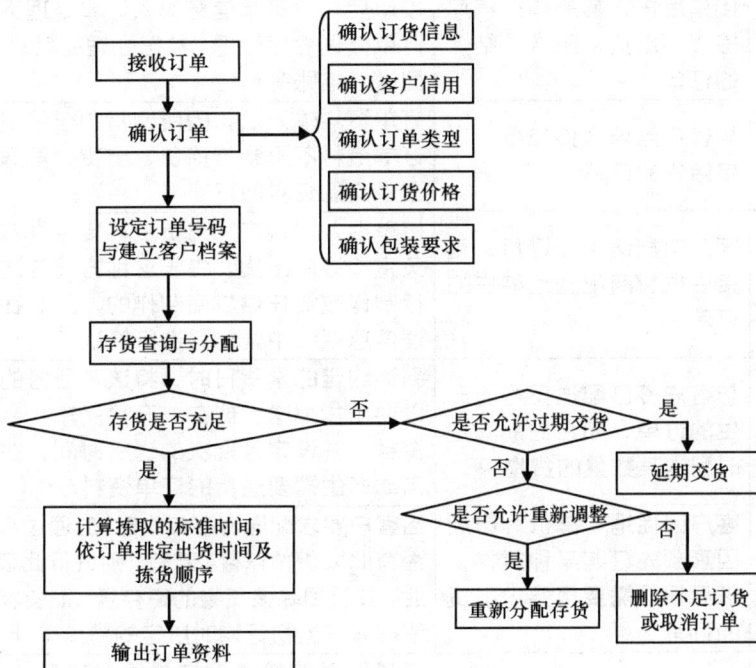

图 7-2 | 订单处理流程

（二）确认订单

信息组接收客户订单信息后，需要对订单相关信息进行检查确认，主要包括以下内容。

1. 确认订货信息

认真检查订单的货物名称、数量、送货日期等信息是否齐全，填写是否有误，是否符合公司要求。尤其当要求的送货时间有问题或出货时间有延迟的时候，更需要再与客户确认订单内容或更正运送的时间。

2. 确认客户信用

接收订单后需要核查客户的财务状况，以确认其是否有能力支付该订单的账款。通常的做法是检查客户的应收账款是否已超过其信用额度，可通过输入客户代号（客户名称）或输入订货项目资料两种途径来核查客户信用的状况。如果已超过其信用额度，信息系统应加以警示锁定，以便输入人员上报主管审核，决定处理方法。

3. 确认订单类型

配送中心面对的交易对象众多，订单的交易形态也有多种类型。针对不同的客户、不同交易形态的订单，配送中心要采取不同的处理方式。

常见的订单交易形态和对应的处理方式如表 7-2 所示。

表 7-2　常见的订单交易形态及处理方式

订单类型	交易形态	处理方式
一般订单	接单后按正常的作业程序拣货、出货、配送、结账的订单	接单后，将订单信息输入订单处理系统，按正常的订单处理程序处理，数据处理完后进行拣货、出货、配送、结账等作业
现销式订单	与客户当场直接交易、直接给货的订单	订单资料输入后，因所定货物已经交给客户，所以订单资料不再参与拣货、出货、配送等作业，只需记录交易资料即可
间接交易订单	客户向配送中心订货，直接由供货商配送给客户的订单	接单后，将客户的出货资料传给供应商，由供应商负责按订单出货。由于这种方式的送货单是客户自行制作或委托供应商制作的，因此在配送中心的管理信息系统中要对其进行确认
合约式交易订单	与客户签订配送契约而产生的订单，如合约期间定时配送某数量的货物	到达约定的送货日时，将该笔业务的资料输入系统以便出货配送；或在一开始就输入合约内容的订货资料，并设定各批次的送货时间，在约定日期系统自动产生需要送货的订单资料
寄存式交易订单	客户因促销、降价等市场因素预先订购某种货物，然后根据需要再要求出货的订单	当客户要求配送寄存货物时,应通过系统核实客户是否有此项货物寄存。若有，则进行此项货物的出库作业，并且扣除该货物的寄存量。而货物的交易价格是依据客户当初订购时所定的单价来计算的
兑换券订单	客户用兑换券兑换货物所产生的配送出货订单	应通过系统核查客户是否确实有此兑换券回收资料。若有，依据兑换券兑换的货物及兑换条件予以出货，并应扣除客户的兑换券回收资料

4．确认订货价格

不同的客户、不同的订货可能有不同的价格，应将价格输入系统加以检验。若输入的价格不符（输入错误或因业务员通过降价获取订单等），应加以锁定，以便主管审核。

5．确认包装要求

确认客户是否有特殊包装、分装或贴标等要求。此外，对有关赠品的包装等资料要详细地确认和记录。

（三）设定订单号码与建立客户档案

1．设定订单号码

每一个订单都要有单独的订单号码（订单 ID），可在系统中设立唯一的订单号码。

2．建立客户档案

客户档案应该包括：客户名称、代号、等级，信用额度，客户销售付款及折扣率的条件，开发和负责此客户的业务员资料，客户配送区域，客户收货地址，客户点配送路径，客户点适合的送货车辆形态，客户配送要求等。

（四）存货查询与分配

1. 存货查询

输入客户订购的货物名称、代号后，系统查询存货的相关数据，判断此货物是否缺货。如果缺货，则应提供缺货货物信息；如果不缺货，则依据存货分配方式分配存货。

2. 存货的分配方式

存货分配方式可分为单一订单分配和批次订单分配两种。

（1）单一订单分配。

这种方式一般用于在线的实时分配，即在输入订单资料时，就将存货分配给该订单。

（2）批次订单分配。

配送中心因订单数量多、客户类型等级多且多采用一天固定配送次数配送，因此通常采用批次订单分配方式，以确保能最佳分配库存。

采用批次订单分配方式时，需注意批次的划分方法。在实际应用中，不同的配送中心可能采用不同的划分标准，常见的方法如表 7-3 所示。

表 7-3　批次订单分配划分方法

批次划分标准	具体做法
接单时段	将整个接单时段划分成几个区段，若一天有多个配送时段，可配合配送时段划分，将订单按接单先后顺序分为几批处理
流通加工需求	将需求加工处理或需求相同流通加工处理的订单汇总为一批一起处理
配送区域或路径	将属于同一配送区域或路径的订单汇总为一批一起处理
车辆需求	若配送货物需要特定的配送车辆，或者客户所在地卸货要求特殊的，特殊型号车辆可以合并处理

划分批次后，对参与存货分配的一批订单，若某货物总出货量大于库存量，可根据表 7-4 所示的原则分配有限的库存。

表 7-4　存货分配的优先权原则

分配原则	说明
特殊优先权者先分配	缺货补货订单、延迟交货订单、紧急订单或远期订单，这些订单有优先分配权
依客户等级来取舍，依据客户重要程度做优先分配	按客户 A、B、C 等级进行分配
依订单金额	对公司贡献度大的订单做优先处理
依客户信用等级	信用较好的客户订单做优先处理
依系统定义的优先规则	预先在系统内建立一套订单处理的优先规则，依据此规则分配

3．缺货的处理方法

存货分配后，如果发生缺货，可按照以下5种方式处理。

（1）重新调拨。

若客户不允许过期交货，公司也想留住该客户，可以采用重新调拨的方式，但需告知客户，并征求其同意。

（2）补送。

客户若允许缺货配送，并且同意缺货的货物可以待有货时再予以补送，或纳入下一次订单予以补送，可以采取补送方式。

（3）延迟交货。

客户若不允许缺货配送，但同意将整张订单延后配送，则需将这些顺延的订单记录成文件，延期交货。

（4）删除不足额订单。

若客户允许不足额订单待有货时再予以补送，但公司政策不希望分批出货；或者客户不允许过期交货而公司又无法满足时，则只能删除不足额订单。

（5）取消订单。

若客户希望所有订单一起配送到达且不允许过期交货，而公司也无法重新调拨时，则只能将整张订单取消。

（五）计算拣取时间，依订单排定出货时间和拣货顺序

订单处理人员应掌握每一个订单或每批订单可能花费的拣取时间，再根据交货时间倒推出拣货开始时间和拣货顺序。在使用仓储管理信息系统（WMS）的仓库中，信息系统可根据被拣货物位置，运用一定的算法自动生成拣货单及拣货顺序。

（六）输出订单资料

订单经过以上处理后，可通过系统打印出拣货单（出库单）、送货单和缺货单等资料。

1．拣货单

拣货单是提供货物出库的指示资料，并作为拣货的依据。拣货单需提供详细拣货信息，其形式是根据拣货策略和拣货方式进行设计的。表7-5与表7-6分别是摘果式拣货单和播种式拣货单的样式。

表7-5 摘果式拣货单

拣货单编号		订单编号	
用户名称			
出货日期		出货货位号	
拣货时间	年 月 日	拣货人	
核查时间	年 月 日	核查人	

续表

序号	储位	货物名称	规格型号	货物编号	包装单位			数量	备注
					箱	整托	件		
1									
2									
3									
4									

表 7-6　播种式拣货单

拣货单号		包装单位			
货物名称		箱	整托	件	
规格型号					
货物编码					
生产厂家		储位号			
拣货时间		拣货人			
核查时间		复核人			
序号	订单编号	客户名称	出库数量	出库货位	备注
合计					

2. 送货单

在配送交货时，通常要附上送货单让客户签收、确认。送货单如表 7-7 所示，主要用途是让客户签收、确认。送货单上的信息一定要清晰、正确，与实际送货相符。

表 7-7　送货单

编号：				日期：		年		月	日	
发货仓库				目的地						
客户信息	收件人				配送方式	配送单位				
	固定电话					运输方式				
	联系电话					联系人				
	送货地址									
订单信息										
序号	货物编号	货物名称	规格	包装单位			送货数量	实收数量	金额	备注
				箱	托	件				
送货时间：　周　至　周			签收人：				证件号码：			
有关说明		客户在签收前，需检验货物外包装有无破损、变形、渗漏、拆封等情况								

3. 缺货单

库存分配后，对于缺货的货物，应提供按供应商类别或货物类别查询的缺货货物信息，供采购人员订购使用。此外，还要打印缺货单，如表7-8所示。缺货单是按照客户类别查询的缺货信息资料，以便业务人员做相应的处理。

表7-8　缺货单

序号	货物编码	货物名称	货位编号	缺货数量
日期			记录人	

案例

某电商配送中心订单处理

某电商配送中心主营业务为服装和鞋帽B2B电商配送，接收订单的方式是：上游供货商将其ERP系统里的销售订单按照时间节点推送至配送中心的WMS系统。接单之后，配送中心信息组根据WMS的合单拣货规则生成波次拣货单，打印输出拣货单和出库单，交给拣货组安排拣货。拣货时，拣货员按照拣货单上指定的储位和数量以及拣货路线进行拣货。根据拣货方式不同，选择使用拣货小车或播种式拣货车进行拣货；对单品采取摘果式拣货，对多品采取播种式拣货。播种式拣货有边拣边分和合并拣货后二次播种两种方式。

任务实施

第一步：从WMS系统中接收订单

对于使用了仓储管理信息系统（WMS）的仓库，WMS通过软件接口与商家的ERP系统对接，商家自动向仓库推送销售订单。

第二步：对客户的订购单内容进行审核确认

（1）审核订购货物的名称、数量、配送日期等。

（2）进入客户管理菜单，查看客户信用，如表7-9所示，确认客户应收账款均没有超出信用额度。

（3）确认订单形态，属于一般交易订单的，按正常流程处理。

（4）确认订货价格属于正常范围。

（5）分析包装要求，根据门店订购货物的特性，定型喷雾剂属于易燃危险品，不可在0℃以下储存，运输温度应小于32℃，出货时要在包装上粘贴相应标志。

表 7-9　查看客户信用

序号	客户名称	联系人	信用额度（元）	应收账款（元）	客户类型	客户级别
1	管城店	秦俊华	3 万	1.1 万	普通型	B
2	学苑店	张耀辉	5 万	1.8 万	普通型	B
3	亿隆店	郭立新	5 万	1.9 万	普通型	B
4	丽人店	吕维	5 万	1.02 万	普通型	B

第三步：库存查询

在"综合查询"菜单的"库存查询"中输入货物编码，查询存货数量，结果如表 7-10 所示，经查询不缺货。

表 7-10　查询存货数量

库区	货位	货物编码	货物名称	库存数量（箱）	可用数量（箱）
52	52120503	2540	粉底液	50	50
52	52240110	3222	洗发露	90	90
52	52120601	22857	洁肤乳	35	35
52	52120603	27021	滋润乳霜	54	54
52	52120807	29598	修护眼霜	70	70
52	52240103	29629	蜜露香皂	50	50
52	52240105	29613	沐浴露	48	48
52	52120902	25680	唇膏魅紫	40	40
52	52130101	39893	粉饼象牙色	40	40
52	52130102	39894	粉饼瓷白色	40	40
52	52130103	39895	粉饼绯红色	40	40
52	52240206	98075	定型喷雾剂	80	80

第四步：划分批次，生成拣货单

根据 4 张订单的交货时间，决定按时间段划分拣货批次，订单 1 和订单 2 划分为一个作业批次，订单 3 和订单 4 划分为另一个作业批次。因订单订购货物重复率比较低，生成摘果式拣货单，填写摘果式拣货单，如表 7-11 与表 7-12 所示。

表 7-11　拣货单 1

拣货单编号		订单编号	
用户名称			
出货日期		出货货位号	
拣货时间	年　月　日	拣货人	
核查时间	年　月　日	核查人	

续表

序号	储位	货物名称	规格型号	货物编号	包装单位			数量	备注
					箱	整托	件		
1									
2									
3									

表 7-12　拣货单 2

拣货单编号			订单编号		
用户名称					
出货日期			出货货位号		
拣货时间	年　月　日		拣货人		
核查时间	年　月　日		核查人		

序号	储位	货物名称	规格型号	货物编号	包装单位			数量	备注
					箱	整托	件		
1									
2									
3									

任务二　拣货和补货作业

任务引入

信息组将输出的拣货单传给拣货组，拣货组接到拣货单后，需要完成以下任务。

（1）确定拣货方式，安排拣货人员，准备拣货用具，开展拣货作业。

（2）拣货后由拣货员检查拣货区存货数量，确定是否需要补货，若需要，组织补货作业。

任务分析

要完成该任务，需要知道有哪些拣货方式、不同拣货方式的特点、拣货常用的设备和工具等，并掌握补货的方式和作业流程。

相关知识

拣货作业也称为拣选作业，是指在仓库或配送中心的发货过程中，根据客户的订货要求或配送中心的作业计划，将拣货单上列出的货物由仓库或配送中心取出并集中在一起的作业过程。

拣货作业方式

在物流实践中，大批量订货一般采用整车直达方式送到目的地，配送中心服务对象主要是小批量、多频次的订货需求。因此，配送中心拣货作业工艺会很复杂，特别是货物 SKU 多、服务客户多、需求批量小、送货频率高、送达时间要求准的配送服务，拣货作业的速度和质量直接影响配送中心的信誉和生存。如何组织拣货作业，提高拣货效率和拣货的准确性是配送中心面临的重要挑战。

一、拣货方式

（一）按取物方式分类

人与货要先见面才能拣取货物，此时拣货方式分为两种方式，即"人到货"取物和"货到人"取物。

1."人到货"取物

"人到货"取物是指货物不动，拣货员推着拣货车到拣货区（存储区）拣货，完成拣货任务后，将货物送到指定集货点的方式，如图 7-3 所示。

Kiva 机器人拣货
演示

图 7-3 | "人到货"取物

2."货到人"取物

"货到人"取物是指人不动，由托盘或货架带着货物移动到分拣人员面前，再由分拣人员拣取货物，放在集货点的托盘上，然后由搬运车辆送走，如图 7-4 所示。

图 7-4 | "货到人"取物

（二）按拣货单位分类

从货位上取货，可以按单品、箱、托盘和特殊品取出。根据拣货单位不同，拣货方式可分为拆箱拣货、整箱拣货、整盘拣货。拣货单位如表 7-13 所示。

表 7-13　拣货单位

单品	拣货的最小单位，单品可由箱中取出，使用人工单手拣取
箱	由单品组成，可从托盘上取出，使用人工双手拣取
托盘	由箱在托盘上堆码而成，须利用堆高机或托盘搬运车等设备搬运
特殊品	体积大、形状特殊，无法按托盘、箱归类，或必须在特殊条件下作业，如大型家具、桶装油料、长杆形货物、冷冻货物，通常按件或个数拣货

拣货单位是根据客户订单数据分析出来的，如果客户订货的最小单位是箱，则不需要以单品为拣货单位。

（三）按订单组合分类

按订单组合方式分类，拣货方式可分为按单拣取和批量拣取两种方式。

1. 按单拣取（摘果式）

按单拣取是拣选完一个订单上所有的货物后，再拣选下一个订单。

这种拣货方式的优点如下。

① 按单拣选，责任明确，配货准确率高。

② 一单一拣，作业时间灵活，可根据客户要求安排先后顺序。

③ 对于紧急订单，可及时安排作业，响应快速。

这种拣货方式的缺点如下。

① 订单品项分布广时，拣货行走路径加长，拣取效率较低。

② 拣货区域大时，搬运系统设计困难。

按单拣取适合于客户订单不稳定、订购内容差异较大的情况。

摘果式拣货演示

2. 批量拣取（播种式）

将数张订单加以合并，一次进行拣选，最后根据各个订单的要求进行分货。

这种拣货方式的优点如下。

① 可以缩短拣取货物时的行走时间，增加单位时间的拣货量。

② 便于配送中心统筹规划人力物力的使用，节约拣货成本。

这种拣货方式的缺点如下。

① 作业前置时间长。由于需要订单累积到一定数量，才做一次性的处理，因此，会有停滞时间。

② 由于进行二次分货，容易产生差错，增大订单出错概率。

批量拣取适合于以下情况。

播种式拣货演示

① 客户数量较多，需求有很强的共性。

② 订单变化较小，订单数量稳定的配送中心。

③ 外形较规则、固定的货物出货，如箱装、麻袋装的货物。

④ 需进行流通加工的货物，如需包装或标价的货物，便于批量加工。

批量拣取方式下，有四种方式可作为订单分批的原则，如表 7-14 所示。

表 7-14　订单分批的原则

分批原则	做法	优点	缺点	适用情况
按订单量分批原则	按照先到先处理原则，当累积的订单量达到预先设定的数量指标时，就做一次数据截取，将前面累积的订单汇总成一个波次	维持稳定的拣货效率，使自动化的拣货、分类设备能够发挥最大功效	订单的商品总量变化不宜过大，否则会造成分类作业的不经济	适合客户对订单处理时间要求不太严格且订单不太频繁的情况
按时间窗分批原则	按照订单的完成时间要求，每隔一段时间（时间窗）做一次数据截取，将该时间窗内累积的订单汇总成一个波次	确保满足门店对送货时间点的要求	当出现订单量比较小或一天之内订单量分布不均的情况时，可能造成拣货作业不均衡	适合有密集频繁的订单且有确定的送货时间点场合的情况
按送货路线分批原则	配送中心送货通常是按照送货路线或送货地区进行的，其波次划分首先满足送货路线的要求，然后考虑装车限制等因素	满足每条送货线路的装车时间要求，便于充分利用配送车辆载能	不能及时满足紧急插单的需求	适用于连锁商业的配送中心
智慧型分批原则	订单汇集后，经过较复杂的计算机程序，将拣取路线相近的订单集中处理，求得最佳的订单分批，可极大缩短拣货行走搬运距离	分批时已考虑到订单的类似性及拣货路径的顺序，使拣货效率进一步提高	所用软件技术层次较高，不易达成，资讯处理的前置时间较长	适合经过计算机处理且在当日下班前产生明日的拣货单的情况。若发生紧急插单处理作业较为困难

（四）按人员组合分类

按人员组合方式分类，拣货方式可分为单独拣选方式和接力拣选方式。

单独拣选方式是一人持一张拣货单进入拣选区拣选货物，直至将拣货单中所列货物取完。

电子标签区接力
拣货演示

接力拣选方式是将拣选区分为若干子区，由若干名拣选员分别作业，每个拣选员只负责本区货物的拣选。携带一张订单的拣选小车依次在各区巡回，各区拣选员按订单的要求拣选本区段存放的货物，一个区域拣选完移至下一个区域，直至将订单中所列货物全部拣选完。

（五）按拣选信息载体不同

按拣选信息载体的不同，拣货方式可分为订单拣选、拣货单拣选、拣选标签拣选、电子标签辅助拣选、RF辅助拣选、计算机随行指示、自动拣货系统等方式。

1. 订单拣选

订单拣选是最原始的拣选方式，直接利用客户的订单或公司的交货单作为拣选指示。

2. 拣货单拣选

拣选单拣选是目前最常用的拣选方式，将原始的客户订单输入计算机，进行拣选信息处理后打印拣货单。

3. 拣货标签拣选

拣选标签拣选是由拣选标签取代拣货单，拣选标签的数量与分拣量相等，在分拣的同时将标签贴在货物上，当标签贴完了代表该项货物也拣货完成了。

按拣选标签拣货
演示-整箱区

4. 电子标签辅助拣选

电子标签辅助拣选是使用电子标签货架，拣选前利用计算机控制系统将订单信息传输到电子标签货架，灯亮的货位表示该货位的货物是待拣货物，电子标签的数码显示器可显示拣选数量。电子标签辅助拣选如图7-5所示。

图7-5 电子标签辅助拣选

玫琳凯化妆品发货
作业演示

电子标签拣货系统又分为摘取式和播种式两种。

在摘取式拣货系统中，货架上安装的标签对应的是货物，拣货人员依标签的指示自货架上将货物取下，放到客户订单容器中，如图7-6所示。

图7-6 摘取式拣货系统

亮灯拣货演示

播种式拣货系统和摘取式拣货系统正好相反,货架上安装的标签所对应的是客户订单。拣货人员将批次汇总后,依标签的指示,将货物分发至订购客户对应的容器中,完成按单配货过程。播种式拣货系统如图 7-7 所示。

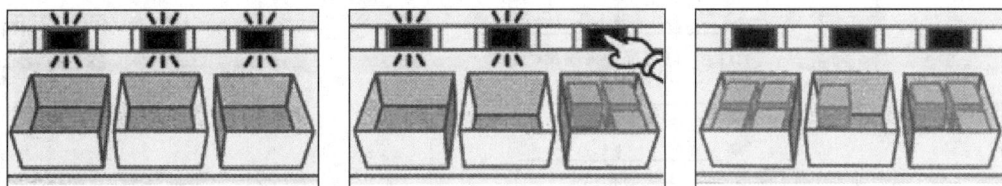

图 7-7 | 播种式拣货系统

5．RF 辅助拣选

RF 手持终端可显示所有拣货信息,拣货人员可根据 RF 手持终端(见图 7-8)上的指示信息到相应库位拣货。这种拣货方式可以用于按单拣选,也可用于批量拣货,常被应用在多品种、少量订单的拣选上,与拣货台车搭配使用。

6．计算机随行指示

计算机随行指示是指在叉车或台车上设置辅助拣货的计算机终端机,拣取前先将拣货信息输入计算机或软件,拣货人员依据叉车或台车上计算机屏幕的指示,到正确位置拣取货物,如图 7-9 所示。

7．自动拣货系统

自动拣货系统的拣货过程全部由自动控制系统完成,如图 7-10 所示。通过电子设备输入订单后形成拣货信息,在拣货信息指导下由自动分拣系统完成分拣作业,这是目前物流配送技术发展的主要方向之一。

RF 手持终端拣货
演示

多品种小件货物
拣货演示

图 7-8 | RF 手持终端　　图 7-9 | 计算机随行指示拣货　　图 7-10 | 自动拣货系统

▌二、拣货作业流程

拣货作业流程如图 7-11 所示。

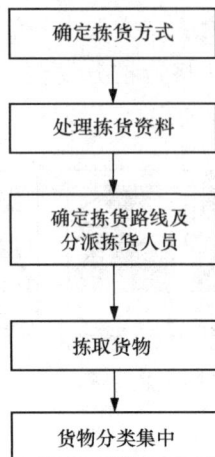

图 7-11 | 拣货作业流程

（一）确定拣货方式

根据配送中心人员、设备、订单品项、数量和货物的存储情况，确定拣货方式。

（二）处理拣货资料

订单处理人员根据确定的拣货方式通过计算机对客户订单进行处理，生成并打印拣货单。拣货单上应标明储位，并按储位顺序排列货物编号，作业人员根据拣货单拣货。拣货单如表 7-15 所示。

表 7-15　某生活通配送中心拣货单

拣货门店：××××　　　　　　　　　　　　　　　　拣货员：××
单号：WMS11906240210　　　　　　　　　　　　　　拣货类型：整箱

序号	货位	货物代码	货物名称	条形码	单位	规格	件数
1	10030911	05370238	今麦郎饮用水 500ml	6939729902255	件	1×15	1
2	10031421	05390284	娃哈哈酸奶饮品 200g	6902083914387	箱	1×6	1
3	10033021	05190269	今麦郎酸辣粉 221g	6921555527702	箱	1×12	1
4	10034521	08030287	雪花啤酒 500ml	6940352226987	箱	1×12	2
5	10042811	05370013	农夫山泉 550ml	6921168509256	箱	1×24	1
6	10080111	08030300	斑布面纸巾	6949352209768	包	1×9	15
7	10081121	05390011	蒙牛黄果粒酸奶 250ml	6923644268510	箱	1×12	1
合计：							228

填单人：××　　　　　　　　　　　　　　　生成时间：2020-08-28

（三）确定拣货路线及分派拣货人员

根据拣货单所列货物编码和储位信息，明确货物在库中所处的位置，确定合理的拣货路线，安排拣货人员进行拣货作业。

（四）拣取货物

拣取货物时，需要确认被拣货物的名称、规格型号、数量以及储位是否与拣货信息传递的指示相一致。拣取方式可以根据需要选择人工拣取、电子标签辅助拣取、RF 辅助拣选或自动拣货系统拣取等。

拣货作业演示

（五）货物分类集中

经过拣取的货物根据不同的客户或送货路线分类集中，有些需要进行流通加工的货物还需根据加工方法进行分类，加工完毕再按一定方式分类出货。分类作业可以采取人工分类，也可以采取机械辅助作业，或利用自动分拣机自动将拣取出来的货物进行分类与集中。

案例

深圳 H 公司医药连锁配送中心拣货方式

深圳 H 公司的分拣配送系统成为限制门店扩张的"瓶颈"，调研后发现存在以下问题。

（1）配送中心每日配送出货的品种超过 3 500 个，如果使用摘果式拣选，拣选货架的长度需要几百米，配套的输送线则需更长。

（2）配送中心使用的是一栋 9 层小楼，单层面积仅有 $700m^2$，根本无法按常规技术设置拣选设备和作业区。

（3）配送中心使用的小楼不允许建造穿通楼层的输送机械。

几经研讨后，公司大胆提出了和摘果式相比"倒过来"的方案，即播种式拣选：把客户订单固定在货架上，让品种在流水线上流动分播。这样就不必使用很长的货架和输送线，可以在单层几百平方米场地内使用电子标签显示系统分拣数千个品种的货物。按照这个方案，其分拣工作场地面积为 18m×16m，为了降低操作难度，降低差错率，采用超常规的"大字显示标签"。新系统使用后大幅提高了分拣效率，每天两班可分拣 120 个药店所需的货物（近 3 000 箱拆零），差错率达到万分之一以下，订单响应时间也相应缩短，而且造价仅为摘果式拣货的 1/5。

三、补货作业

补货作业是指当拣货区域的货物发生短缺时，将货物从储存保管区移到订单拣选区的活动。

（一）补货作业流程

补货作业流程如图 7-12 所示。

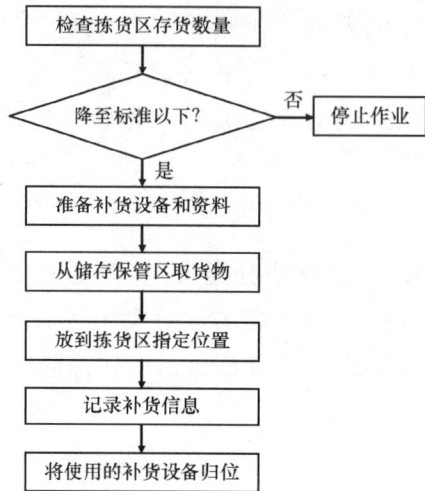

图 7-12 补货作业流程

1．检查拣货区存货数量

由拣货员或专门的补货人员检查拣货区的存货数量，与设定的补货标准比较，当数量低于设定的补货标准时，即启动补货。

2．准备补货设备和资料

根据检查情况，汇总补货品种和数量，形成补货单，准备补货使用的设备，如叉车、液压托盘搬运车、托盘、RF 手持终端等。

3．从储存保管区取货物

补货员到储存保管区寻找待补货的货物，确认无误后，取出货物，运用设备搬运到拣货区。

4．放到拣货区指定位置

补货员到达拣货区后，根据计划将货物放到拣货区指定位置。

5．记录补货信息

对放到拣货区的货物填写货卡，或使用 RF 手持终端扫描货位和补货货物的条形码，完成补货货物的信息录入。

6．将使用的补货设备归位

完成补货作业后，将设备放回原处。

（二）补货方式

1．整箱补货

整箱补货是指以箱为单位进行补货。补货人员用取货箱到储存保管区取货，用手推车搬运到拣货区，在流动货架的后方（非拣货面）补货。这种补货方式适合体积小且少量多样的货物。整箱补货方式如图 7-13 所示。

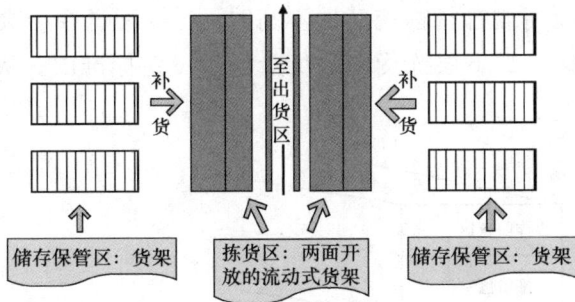

图 7-13 | 整箱补货方式

2. 托盘补货

托盘补货是指以托盘为单位进行补货,补货人员用叉车将托盘从储存保管区搬运到拣货区的作业。托盘补货又分为以下两种形式。

一种是由地面成组堆码储存保管区补货至地面成组堆码拣货区的补货方式,如图 7-14 所示。这种方式适用于一次出货量多的货物。

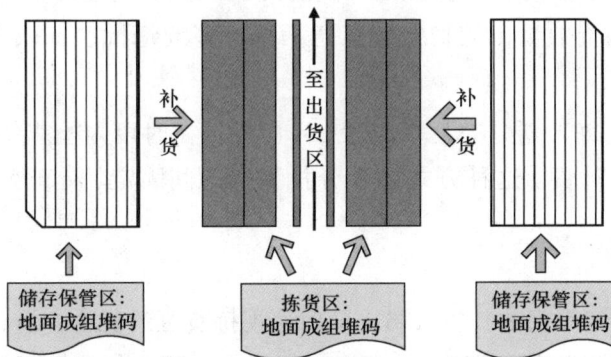

图 7-14 | 地面成组堆码间的补货方式

另一种是由地面储存保管区补货至拣货区的补货方式,如图 7-15 所示。这种方式适合于体积中等或出货量中等的货物。

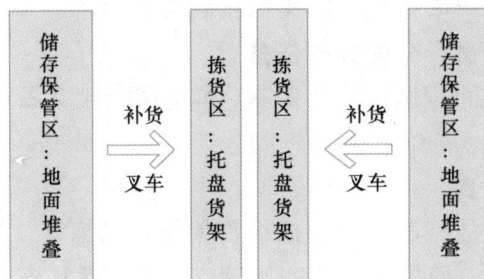

图 7-15 | 地面储存保管区补货至拣货区的补货方式

3. 货架补货

货架补货是指由货架上层向货架下层补货的方式。此方式用于储存保管区与拣货区处于同一货架的情形。当货架很高或者货物流动性不高时，一些配送中心会将货架的上层做储存保管区，下层做拣货区，当下层拣货区的货量低于设定标准时，从货架上层向货架下层补货，如图7-16所示。

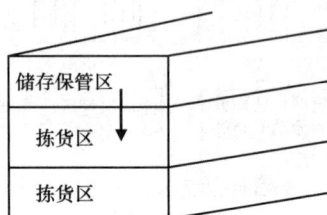

图 7-16 | 从货架上层向货架下层的补货方式

（三）补货时机

1. 批次补货

批次补货是指每天由计算机计算出货物的总拣取量，查询拣货区存货数量后，得出补货数量，在拣货作业之前一次性补足，以满足全天拣货的需要。这种一次补足的补货原则，适合一日内拣货数量比较稳定、紧急插单不多或每批次拣取量大的情况。

2. 定时补货

定时补货是指把每天划分为几个时段，补货人员在时段内检查拣货区货架上的货物存量，若不足则及时补货。这种方式适合分批拣货时间固定、处理紧急订单时间也固定的配送中心。

3. 随机补货

随机补货是指指定专门的补货人员，随时巡视拣货区的货物存量，发现不足则随时补货。这种方式适合每批次拣取量不大、紧急插单多、一天内作业量不易事先掌握的情况。

任务实施

第一步：确定拣货方式

根据客户订单和拣货单的特点，使用摘果式拣货方式。

第二步：安排分拣人员，分配分拣任务

根据拣货作业完成时间和拣货效率要求，每批次安排2名拣货员，安排1人1单完成拣货。

第三步：准备拣货用具

该次拣货没有拆零，故到配送中心搁板货架保管区拣货，拣货员推小车到拣货区，按单拣选指定数量的货物，摘果式拣选完毕后，推到出库复核区，按编号将货物放到指定位置。

第四步：检查并填写拣货区存货数量

拣货完成后，拣货员检查拣货区存货数量，填写到表7-16中。

表 7-16 拣货区存货数量

库区	货位	货物编码	货物名称	库存数量（箱）	补货点（箱）
52	52120503	2540	粉底液	30	30
52	52240110	3222	洗发露	60	30
52	52120601	22857	洁肤乳	25	30
52	52120603	27021	滋润乳霜	34	40
52	52120807	29598	修护眼霜	60	30
52	52240103	29629	蜜露香皂	40	30
52	52240105	29613	沐浴露	28	20
52	52120902	25680	唇膏魅紫	30	20
52	52130101	39893	粉饼象牙色	20	20
52	52130102	39894	粉饼瓷白色	20	20
52	52130103	39895	粉饼绯红色	30	20
52	52240206	98075	定型喷雾剂	60	20

第五步：确定补货货物

根据检查情况，确定补货的货物名称和数量，如表 7-17 所示。

表 7-17 补货单

库区	货位	货物编码	货物名称	补货数量（箱）
52	52120503	2540	粉底液	50
52	52120601	22857	洁肤乳	70
52	52120603	27021	滋润乳霜	100
52	52130101	39893	粉饼象牙色	40
52	52130102	39894	粉饼瓷白色	40

第六步：寻找和放置待补货货物

准备液压托盘搬运车和空托盘，补货员到仓储区寻找待补货货物，确认名称、规格、型号无误后，用托盘搬运车搬运到拣货区，根据拣货区存储计划放到指定位置。

第七步：录入补货货物信息

对放到拣货区的货物填写货卡，将补货货物信息录入计算机。

第八步：放回托盘搬送车和空托盘

补货完成后，将托盘搬送车和空托盘放到设备存放区。

任务三 出货作业

任务引入

拣货组将已经拣出的货物放到出库复核区，由出库小组完成出货作业。模拟出库小组，完成该任务。

任务分析

要完成该任务，需要掌握出货作业的内容和流程，掌握相关的作业方法。

相关知识

一、出货作业流程

出货作业流程就是将拣选出的货物按客户订单或配送路线进行分类，进行出货检查、包装、粘贴标志，根据门店或行车路线等将货物送到发货暂存区，等待装车配送的过程，如图 7-17 所示。

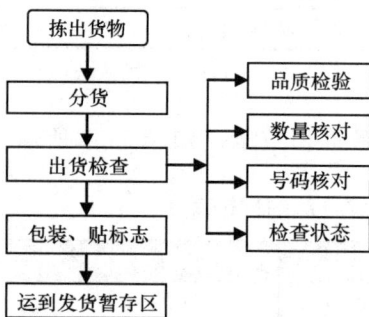

图 7-17 │ 出货作业流程

出货作业

二、分货

分货就是把拣货完毕的货物按照客户订单或配送路线进行分类的工作。分货的方式主要有人工分类、自动分类机分类和旋转架分类 3 种。

播种式拣货后的分货演示

（一）人工分类

人工分类是指由人工依据订单信息或其他信息将各客户的货物进行分类，把各客户订购的货物放入已贴好各客户标签的货篮。

根据拣货方式不同，分货也有"播种式"和"摘果式"两种。先将拣出的货物集中搬运到出库复核区，再分配到各个指定的用户区或容器中的方式就叫作"播种式分货"。按订单拣货方式拣出货物，再直接集中到客户容器中的方式叫作"摘果式分货"。

仓配一体化智能分拣演示

（二）自动分类机分类

自动分类机分类是计算机和自动识别系统进行自动化分货配货工

作。自动分类系统具有准确、快捷、高效的特点，尤其适合品种多、业务繁忙的配送中心。自动分类机分类一般分为三大类，即自动分拣机分拣、机器人分拣和自动分类输送机分拣。

（三）旋转架分类

旋转架分类是将旋转架的每一格位当成客户的出货篮，分类时只要在计算机中输入各客户的代号，旋转架即会自动将其货篮转至作业员面前，让其将批量拣取的货物放入进行分类。

三、出货检查

出货检查是把拣出的货物按照订购客户或发运车次等做货物号码核对、数量核对，进行必要的质量检查和状态检验。出货检查是确认拣货作业是否产生错误的重要措施。出货检查方式有以下几种。

（一）人工检查法

人工检查法是指由人工将出货货物与出货单逐一核对，检查数量、品名规格、质量、状态是否有问题。

（二）货物条码检查法

货物条码检查法是指用条码扫描器扫描待出货货物上的条形码，通过计算机将扫描货物的信息与发货单信息进行比对，检查是否有数量或型号规格错误。

（三）声音输入检查法

声音输入检查法是指由检查人员发声读出货物的名称（或代号）及数量，之后计算机接收声音并做自动识别，将声音信号转成出货信息再与出货单信息进行比对。

四、包装、贴标志

（一）配送中心包装的作用

复核包装作业演示

包装是配送中心一项重要工作。配送中心出库包装的目的主要是保护货物，便于搬运和运输。最常见的包装是根据发货单，把多个相同单品或不同单品放到大小合适的箱子中，以便于整箱搬运或成组搬运及运输。

（二）配送中心包装的要求

1．使用合格的包装材料

包装时，首先要根据货物性质、客户要求选择合适的包装材料。包装材料应符合环保要求，具有一定的强度，能起到保护货物的作用。如果客户指定了包装材料，则必须使用客户指定的包装材料进行包装。

2. 包装要符合运输要求

包装要牢固、稳定，有防震、防潮措施。例如，对怕碰撞、易碎的货物，应使用气泡袋填充缝隙；对怕潮的货物，应使用防潮包装；封箱胶带应牢固，不易在运输途中脱胶、断裂，造成内件遗漏。

3. 包装容器应尽量做到标准化

包装容器材料、规格、容量、标志、封装方法应尽量标准化、系列化。标准化既可以提高配送作业效率，也可以提升配送中心形象。外包装也是信息的载体，在外包装上印制商家名称、货物信息、货物条形码、储运说明等，既便于配送过程中的货物跟踪，也便于作业人员和客户识别。

4. 性质不相容的货物不能混装

包装时，注意货物的理化特性，尽量只对同一类货物进行混装，性质相抵触的货物严禁混装在一个容器中。

包装贴标志演示

（三）贴标志

包装完毕，应在外包装上加贴必要的标志，如易碎标志、易燃易爆标志、防雨防潮标志、运输标签等。

任务实施

第一步：分货作业

由人工分类，由于是按订单拣货方式拣出货物的，直接集中到配送门店的容器中即可。

第二步：出货检查

使用人工检查，由人工将出货货物与出货单逐一核对，检查门店名称、货物名称、数量是否正确，核对无误后进行包装，如果出现错误则通知拣货人员。

第三步：包装、贴标志

选择合适的包装箱，将货物装箱，填充气泡袋，用胶带封箱，称重，打印运输标志和配送地址标签，并粘贴在包装箱上，如图 7-18 所示。其中，定型喷雾剂属于易燃危险品，不可在 0℃ 以下储存，运输温度应小于 32℃，因此在外包装上贴上怕热标签，如图 7-19 所示。

图 7-18 | 配送标签

图 7-19 | 怕热标签

第四步：交货、确认

与快递配送员点数交接货物，进行出库确认，更新库存信息。

任务四　送货作业

任务引入

快递公司接收送货任务后，准备装车配送。该公司配送车辆为 4m×2 m×3 m（长×宽×高）的厢式货车，快递公司如何完成该批货物的送货工作，需要考虑哪些方面的问题？

任务分析

送货作业是配送作业的最后一个环节，要想优质、高效地完成这个工作，配送人员需要按照送货作业流程，做好各项准备工作，选择配送线路，合理进行车辆的配载等。

相关知识

送货作业是指利用配送车辆把客户订购的货物从配送中心送到客户指定位置的过程。送货作业流程如图 7-20 所示。

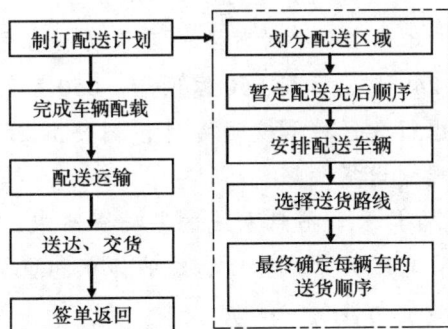

图 7-20｜送货作业流程

一、制订配送计划

（一）划分配送区域

对客户所在地位置进行整体统计分析，按一定原则划分出几个配送区域，将客户分配在不同的送货区域中，作为下一步决策的基本参考。例如，按行政区域或按交通条件划分为不同的送货区域，然后在区域划分的基础上做弹性调整来安排送货顺序。

（二）暂定配送先后顺序

根据客户订单的送货时间将送货的先后次序进行大致预定，为车辆配载做好准备工作。

（三）安排配送车辆

安排配送车辆之前，必须分析设定的送货区域内客户订单的货物信息，如体积、重量、数量、对装卸的特殊要求等，再结合车辆的容量和额定载重量等，综合考虑多方面因素的影响后，做出最合理的车辆安排。

（四）选择送货路线

确定每辆车负责的具体客户后，以最快的速度完成对这些货物的配送，即选择配送距离短、配送时间短、配送成本低的线路，这需要根据客户的具体位置、沿途的交通情况等做出优先选择和判断。除此之外，还必须考虑有些客户或其所在地点对送货时间、车型等方面的特殊要求，如有些客户不在中午或晚上收货、有些道路在车辆高峰期实行特别的交通管制等。送货路线的选择可以通过建立有关的运筹学模型进行辅助决策。

（五）最终确定每辆车的送货顺序

做好车辆安排及选择好最佳的送货路线后，就可以确定每辆车的送货顺序，从而估算货物送到客户手中的大致时间，并通知客户。

案例

365 生活通配送中心配送计划

365 生活通配送中心是一家面向本地 24 小时营业的连锁便利店进行物流配送的配送中心。配送中心货物的 SKU 达 4 249 种，日配 650 家门店。650 家门店分布在省会市区和周边县域，该配送中心综合考虑行政区域和交通条件，划分出 25 个配送区域，在区域划分的基础上再做弹性调整来规划送货顺序。

在入库收货时，把货物的体积、重量录入信息系统的基础资料中，安排配送车辆时，按照门店顺序选取配送货物，信息系统自动计算出货物总的体积和重量，达到配送厢式货车的容积或载重时，就能确定哪些货物装载一车。

由于门店对配送时间没有特别要求，则主要考虑交通条件，上午配送周边县城门店和市区二环外门店，以避开市区早晨交通堵塞；下午或晚上配送市区二环内的门店。

二、完成车辆配载

确定了客户的送货顺序和所用车辆以及配送货物之后，接下来就要按照配载的原则将货物装车。车辆配载应遵循表 7-18 所示的原则，重心失衡的配送车与气泡填充车厢内货物缝隙如图 7-21 和图 7-22 所示。

表 7-18　车辆配载原则

原则	解释
装车的顺序	先远后近
货物配载	到达同一地点的适合配载的货物应尽可能一次运载
货物性质搭配	性质不相容的货物不能装到同一车上运输
货物体积搭配	大小搭配，尽量提高容积利用率，大不压小
货物重量搭配	重货与泡状物适当搭配，重不压轻
合理堆码	根据货物性质，确定合理的堆码层高与方法
最大载重限制	配载时不允许超过车辆所允许的最大载重量
重心平衡	车厢内货物重量应分布均匀，保证车辆重心平衡
适当分隔	准备缝隙填充气泡、物理分隔材料等，防止车厢内货物发生碰撞

图 7-21 | 重心失衡的配送车

图 7-22 | 气泡填充车厢内货物缝隙

三、配送运输

根据确定的最优线路，利用配送车辆将货物运送到目的地。在运输过程中，可以使用全球定位系统（Global Positioning System，GPS）和地理信息系统（Geographic Information System，GIS）等信息技术加强车辆的监控，保证货物质量和安全，同时，还要进行时间监控和记录、里程监控和记录、路面状况记录，以便后期对配送运输状况进行统计分析，作为修改配送计划的参考之一。

四、送达、交货

货物送达配送地点后，送货人员应文明卸载，与客户一起清点货物。当客户验收无误后，送货人员请客户签收送货单，以便确认送货完成。如果存在问题，客户拒绝签收，则应记录原因，与配送中心联系，按规定处理。

五、签单返回

送货人员将所有货物送完之后，需将所有客户的签单带回，交给配送中心，本次送货作业结束。

案例

某配送中心送货作业

1．送货要求

送货人员需按送货标签上客户指定的收货地点，在承诺的送货时间内，将货物完好无损地送抵目的地。送货人员在送货前需根据送货标签上客户的联系电话，提前致电与客户预约送货时间，避免送货失败。送货人员代表配送中心为客户提供服务，着装需统一、干净整齐，言谈举止应礼貌得体，不可使用客户的电话做下一站送货的预约。在送货过程中如出现意外情况，应第一时间通知配送中心。

2．送货交接

送货人员将货物送抵目的地后，首先要客户出示与签收单上收货人相符的有效身份证明，如由他人代收货物时，除了核对原收货人的有效身份证明，同时要求代收货人出示其本人有效身份证明，并将其身份证明的资料（如姓名、身份证号码）准确、清晰地登记在单据上。

送货人员与客户交接货物时，原则上只核点实物总箱数，当货物与签收单上所注总箱数相符，外箱完好无损时，客户在单据上签字确认，包括收货人姓名（代收货人姓名和身份证号码）、收货日期。

3．异常处理

货物签收时，如出现实物箱数与签收单所注不符、外箱有破损或有开启痕迹等情况，经配送中心同意后，送货人员应当面与客户共同开箱清点。例如开箱清点货物完好齐全，送货人员要在签收单上记录具体情况，由客户签收；如开箱清点发现货物有短缺、破损、渗漏等现象，或开箱清点虽未发生上述情况，但客户拒收货物时，送货人员应立即向配送中心反映，由配送中心提供协助或给出相关的操作指引。

任务实施

第一步：制订配送计划

可按照行政区域划分配送区域，根据配送地址和交通路线，第一批次配送顺序为管城店、学苑店，第二批次配送顺序为丽人店、亿隆店。

第二步：配载装车

因配送货物的性质无抵触，可以装到同一辆车上；遵循装车原则进行装车。

第三步：送货

在出发前应使用短信或电话提前与客户预约送货。出发后按照预先计划的配送路线行驶，途中与调度中心保持联系，保证送达时间和行驶安全，如遇紧急事件不能按时送达，应第一时间向配送中心报告，以便与客户沟通。

第四步：交货

到达客户指定的送货地址后，与客户办理点数交接。原则上是按箱交接，如发生外箱破损、浸渍、封口裂开等异常情况，需当面与客户开箱清点货物，交接完毕，客户在送货单上签字，送货人员将客户签收单带回配送中心。

任务五　退货作业

任务引入

丽人店收到郑州配送中心送来的货物后，经检查，提出退货申请。退货申请单如表7-19所示，模拟配送中心作业，办理该宗退货业务。

表 7-19　退货申请单

客户名称	货物名称	规格	数量	退货原因	退货时间	备注
丽人店	唇膏绯红		1	发错货	2015-12-15	
	粉饼绯红色		1	已到保质期	2015-12-15	

任务分析

退货是配送中心服务的一部分，是提升服务水平、满足客户需求的必要措施。做好退货工作对维护配送中心形象具有重要作用。配送中心接到客户退货申请后，应认真分析退货的原因，妥善做好相应的退货处理。

相关知识

一、退货原因

退货是指配送中心按照订单或合同将货物发出后，由于某种原因，客户将货物退还配送中心的活动。发生退货的常见原因如下。

（一）协议退货

事先签署了退货协议，如服装季节性退货、试销货物退货、代销货物退货等，协议期满后，将剩余货物退回。

（二）货物在运输途中损坏

由于包装不满足要求，或者运输过程中发生车祸、剧烈碰撞等情况，导致货物包装破损或者损坏，造成退货。

（三）货物质量存在问题

货物送达客户手中后，由客户发现货物质量存在问题导致退货，或者由生产厂家发现货物存在设计、性能、指标上的缺陷，对货物召回导致的退货。

（四）配送中心发错货

配送中心由于工作失误导致订单处理有误，或者拣错货等，使客户收到的货物种类、规格、数量、重量等与订单不符导致的退货。

（五）货物过期

食品、药品类货物都有有效期，通常配送中心与供应商都有协定，有效期一过即可退回供应商或换货。过期货物的处理要花费大量的时间、人力，增加配送中心的成本负担，因此配送中心要加强日常管理，避免货物因积压过期。

（六）客户订错货

客户订单上的货物明细有误，导致退货。

二、退货处理方法

引起退货的原因不同，处理的方法也不同，下面给出不同原因退货的处理方法。

（一）协议退货

处理方法是按照协议接受退货。

配送中心认真核对退货信息与退回实物，核对无误后，办理退货手续，结算货款。

（二）因货物在运输途中损坏导致的退货处理

处理办法是给予赔偿。

由发货人确定所需要的修理费用或赔偿金额，然后由运输单位负责赔偿。

（三）因货物质量问题导致的退货处理

处理办法是重新发货或提供替代品。

因货物质量问题导致的退货，配送中心应安排车辆收回货物，并将退货集中到配送中心退货处理区处理，再用质量完好的货物重新发货或发替代品。

（四）对因配送中心发错货导致的退货处理

处理办法是无条件重新发货。

一旦发现发错货，应立即无条件重新发货，产生的一切费用由发货人承担，并认真核查是哪个环节产生的问题，如拣货单错误、拣货操作错误、配货操作错误、装错车等，找到原因后立即采取有效措施，加强管控，尽量不让类似错误发生。

（五）对货物过期的退货处理

处理办法是无条件退回配送中心。

若货物过期应尽快从销售终端货架下架，退还配送中心，由配送中心退回供应商。

（六）客户订错货

处理办法是收取退货费用后退货，并重新发货。

收取退货费用后给客户退货，然后根据客户的要求，安排重新发货。

三、退货管理

为了使退货服务标准化，配送中心应做如下管理。（1）建立退货制度，规范退货的程序，对退货的流程、检查等事项做出明确规定。（2）安排专人负责，由专人负责处理退货事宜，以高效应对退货的紧急情况，使客户满意。（3）做好退货管理、退货实物和账目的管理，避免出现收付款错误，造成混乱。

四、退货流程

（一）受理退货申请

配送中心客服组受理客户的退货申请。客户退货时，应填写退货申请单，如表 7-20所示，注明退货原因。

表 7-20　退货申请单

客户名称	货物名称	规格	数量	退货原因	退货时间	年 月 日	备注

（二）审核退货原因

接到客户退货申请后，应核查退货原因，判断是否符合退货条件，如果符合退货条件，则接收客户的退货要求，复印凭证，接收货物，退还货款。

（三）办理退货入库

退货到达配送中心后，司机要提交退货单，客服组要核对退货单信息和客户申请退货信息是否相符。若不符，与客户沟通；若相符，则生成退货入库单，办理退货入库。

退回货物入库时，要严格进行入库验收，确认退回货物的质量、数量情况。对没有质量问题的货物办理入库；对有质量问题的货物，根据情况退给供应商，或做报废处理。退货流程如图7-23所示。

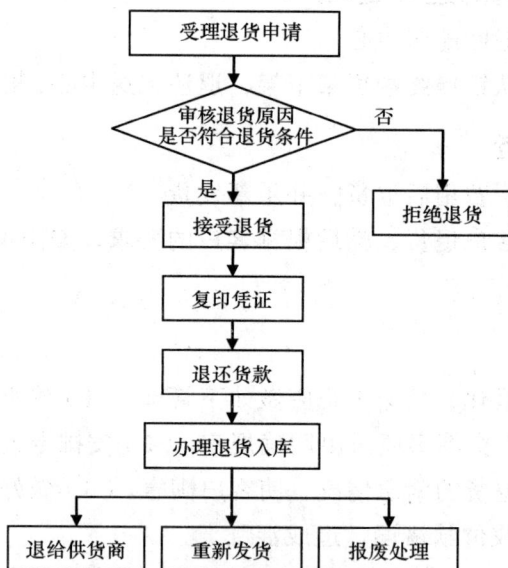

图 7-23 | 退货流程

任务实施

第一步：受理退货申请

客服组收到客户退货申请后，审核退货原因，本次退货是由于发错货和货物到达保质期导致的，符合退货条件，应同意退货，复印凭证，办理退款手续。

第二步：办理退货入库

退货到达后，应认真检验货物质量。对于唇膏绯红，经检查货物无质量问题，按照正常品办理入库手续，存放到相应货位；对于粉饼绯红色，经检查，确实已到保质期，办理入库手续后，放到退换货区，等待退回供货商。

第三步：与客户协商确认，如果需要，办理货物补发

拓展
学习

请扫描二维码，学习拓展案例，回答问题。

二维码

课后实训

配送作业实训

汇通配送中心接到电商客户通过信息系统推送过来的销售订单，如表 7-21 所示，在实训室完成以下任务。

（1）订单处理。存货数量如表 7-22 所示，客户信用如表 7-23 所示。识别哪些是能够满足的有效订单，对能够满足的订单分别生成拣货单。

（2）模拟拣货。拣货人员根据拣货单，推小车从相应库位拣出货物，放到出库暂存区，进行分货。

（3）拣货复核。复核人员在暂存区将出货货物与出货单逐一核对，发现问题与拣货员沟通。

（4）模拟出货。复核完毕，将货物出库，与配送人员交接，更新库存信息。

（5）模拟送货。根据订货门店所在位置，拟定配送区域、配送路线，安排配送车辆。配送人员骑电动车外出配送，途中通过车载 GPS 终端与调度中心保持联系。到达目的地，与客户交货，签单返回。模拟送货时，注意提前预约和使用文明用语。

表 7-21　销售订单

序号	购货单位	货物编码	货物名称	数量	单价（元）	交货时间窗口
1	中华店	6924563016518	面纸	2箱	38	6点至6点30分
		6924564612825	矿泉水	2箱	24	
		6902083894757	硫黄皂	2箱	15	
		6924564012456	抽纸	3箱	20	
2	新石店	6921168509256	小花朵碗	2箱	13	20点至20点30分
		6902083894757	硫黄皂	2箱	15	
3	益新店	6902083885324	小塑料碗	2箱	14	20点至20点30分
		6902083881405	玻璃杯	1箱	35	
4	华夏店	6902083883133	清洁球	3箱	10	20点至20点30分
		6902083881405	玻璃杯	1箱	35	
		6925461515158	打火机	3箱	22	

续表

序号	购货单位	货物编码	货物名称	数量	单价（元）	交货时间窗口
5	北国店	6921168509256	小花朵碗	2箱	13	20点至20点30分
		6902083894757	硫黄皂	2箱	15	
		6902083885324	小塑料碗	2箱	14	
		6902083881405	玻璃杯	1箱	35	
6	裕华店	6924563016518	面纸	2箱	38	6点至6点30分
		6924564612825	矿泉水	3箱	24	
		6902083894757	硫黄皂	2箱	15	
		6924564012456	抽纸	3箱	20	

表 7-22　存货数量

库区	货位	货物编码	货物名称	库存数量（箱）
A	A-02-03-03	6902083883133	清洁球	18
A	A-01-02-01	6902083885324	小塑料碗	17
A	A-01-02-03	6921168509256	小花朵碗	36
A	A-02-02-01	6902083894757	硫黄皂	29
A	A-02-02-02	6924564612825	矿泉水	1
A	A-01-01-01	6924563016518	面纸	4
A	A-01-01-03	6924564012456	抽纸	4
A	A-02-01-01	6925461515158	打火机	0
A	A-02-01-02	6902083881405	玻璃杯	34

表 7-23　客户信用

序号	客户名称	联系人	信用额度（元）	应收账款（元）	客户类型	客户级别
1	中华店	张力	3万	1.1万	普通型	B
2	新石店	刘媛媛	5万	1.8万	普通型	B
3	益新店	张智有	5万	1.9万	普通型	B
4	华夏店	赵明明	5万	1.2万	普通型	B
5	北国店	李广	6万	1.8万	重点型	A
6	裕华店	陈红霞	6万	2.1万	重点型	A

课后练习题

一、单选题

1. 配送中心进货作业不包括（　　　）。

　A．订货　　　　　B．盘点　　　　　C．接货　　　　　D．验收入库

2．拣货策略要解决的核心问题是（　　　　）。

    A．拣货流程　　　　B．分区拣货　　　　C．分类拣货　　　　D．拣货效率

3．（　　　　）是配送活动的核心，也是备货和理货工序的延伸。

    A．物流　　　　　　B．送货　　　　　　C．储运　　　　　　D．装卸

4．按客户的要求分拣并进行必要的组合和集装，并送入指定发货区的作业被称为（　　　　）。

    A．集货　　　　　　B．配货　　　　　　C．配装　　　　　　D．分拣

5．提供货物出库指示资料，作为拣货依据的是（　　　　）。

    A．拣货单　　　　　B．提货单　　　　　C．送货单　　　　　D．发货单

6．配送中心的货物每天平均采购 8 箱，平均在库时间 4 天，该货物每托盘可放 40 箱，则该货物的储存单位是（　　　　）。

    A．托盘　　　　　　B．箱　　　　　　　C．单品　　　　　　D．袋

7．通常情况下，货物品种数少、自动化程度低的拣货系统采用的最简单的拣货信息是（　　　　）。

    A．传票　　　　　　B．拣货单　　　　　C．拣货标签　　　　D．电子标签

8．下列关于电子标签辅助拣货的表述错误的是（　　　　）。

    A．无纸化拣货系统

    B．很好的人机互动

    C．电子标签有传统的和纸质的两种

    D．大大缩短了"寻找货物"的时间

9．拣货方式和拣货策略的应用就是要（　　　　）。

    A．确定拣选顺序　　　　　　　　B．决定拣选路径

    C．制订拣货计划　　　　　　　　D．选择拣货设备

10．存货分配不足，无法调拨，客户希望订单一次配送，又不允许过期交货，应当采取的处理方法是（　　　　）。

    A．重新分配存货　　　　　　　　B．与下一张订单合并配送

    C．待有货时再补送　　　　　　　D．将整张订单取消

二、多选题

1．下列关于配货和配装作业的关系描述正确的是（　　　　）。

    A．先配货再配装　　　　　　　　B．先配装再配货

    C．配货以配装为参考　　　　　　D．配装以配货为前提

2．订单处理作业通常包括（　　　　）。

    A．订单资料确认　　　　　　　　B．存货查询

    C．货物拣取　　　　　　　　　　D．单据处理

3．产生退货的主要原因有（　　　　）。

    A．货物包装破损　　　　　　　　B．货物质量缺陷

C．货物品种与要求不符   D．货物数量不足

4．信息组接收客户订单信息后，需要对订单相关信息进行检查确认，主要包括的内容有（　　）。

    A．确认订货信息   B．确认客户信用

    C．确认订单类型   D．确认订货价格

    E．确认包装要求

5．下列关于摘果式分拣的描述错误的有（　　）。

    A．按单拣取是拣选完一个订单上所有的货物后，再拣选下一个订单

    B．一单一拣，作业时间灵活，前置时间长，可根据客户要求安排先后顺序

    C．订单品项分布广时，拣货行走路径加长，容易产生差错，拣取效率较低

    D．对于紧急订单，可及时安排作业，响应快速

6．出货检查是把拣出的货物按照订购客户或发运车次等做（　　）的检查。

    A．货物号码核对   B．数量核对

    C．质量检查   D．状态检验

7．下列关于装车原则的描述正确的有（　　）。

    A．到达同一地点的适合配载的货物不一定一次配载

    B．性质不相容的货物不能装到同一运输车上

    C．尽量提高容积利用率，确定最高的堆码层高和方法

    D．车厢内货物重量应分布均匀，保证车辆重心平衡

8．为了使退货服务标准化，配送中心应该（　　）。

    A．建立退货制度，规范退货的程序   B．安排专人负责

    C．做好退货管理   D．退货标准一致

9．整箱补货是指以箱为单位进行补货。补货人员用取货箱到储存保管区取货，用手推车搬运到拣货区，在流动货架的后方（非拣货面）补货。这种方式适合（　　）的货物。

    A．体积小   B．少量

    C．多量   D．中量

    E．多样

10．下列属于配送流程的有（　　）。

    A．制订配送计划   B．配载装车

    C．送货   D．交货

三、判断题

1．电子标签辅助拣选是一种传递电子拣货信息最快的方式。　　　　　（　　）

2．拣选方式的选择与出货品种数的多少没有关系。　　　　　（　　）

3．按订单拣取集中货物后，一般还需要进行分类处理。　　　　　（　　）

4．RF辅助拣货是一种无纸化的拣选系统。　　　　　（　　）

5．装车的时候，应大小搭配，尽量提高容积利用率，大不压小。（　　）

6．对因配送中心发错货导致的退货处理，处理办法是给予赔偿。（　　）

7．拣选标签拣选是指由拣选标签取代拣选单，拣选标签的数量与分拣量相等，在分拣的同时将标签贴在货物上，当标签贴完了，代表该项货物也拣货完成了。（　　）

8．托盘补货是指以托盘为单位进行补货，补货人员用叉车将托盘从储存保管区搬运到拣货区的作业。一般适用于一次出货量少的货物。（　　）

9．批次补货适合一日内拣货数量比较稳定、紧急插单不多或是每批次拣取量大的情况。（　　）

10．订单分拣适用于需进行流通加工的货物。（　　）

四、案例分析

某手机售后备件配送中心的作业过程：全国各地的售后维修站向移动终端事业部发出要货订单，移动终端事业部将送货指令发给东方物流公司，东方物流公司订单处理人员在物流信息平台中按批次接受客户（移动终端事业部）上传的订单，信息系统会自动在本批次接收的订单中，对同一收货地址并票，然后打印拣货单，拣货人员按单拣货，再由复核员核对货物型号、数量、应发与实发是否一致，制单员打印运输单据，包装人员再复核每种配件的个数、收货地址，无误后装箱进行包装，封发人员按运输路线封发邮件，制作路单，合拢表，交 EMS 配送。

请指出该案例中，配送中心通过什么方式接收订单，使用了哪种拣货方式，绘制其拣货配送的流程图。案例中，拣货后和包装前都要进行复核，复核的内容是什么，复核有什么意义。